2008北京奥运建筑丛书

OLYMPIC

梦寻千回

MASTER PLAN OF BEIJING OLYMPIC GAMES

北京奥运总体规划

总主编 中 国 建 筑 学 会
中国建筑工业出版社

本卷主编 北 京 市 建 筑 设 计 研 究 院
北京清华城市规划设计研究院

中国建筑工业出版社
CHINA ARCHITECTURE & BUILDING PRESS

2008 北京奥运建筑丛书（共 10 卷）

梦 寻 千 回——北京奥运总体规划

宏 构 如 花——奥运建筑总览

五 环 绿 苑——奥林匹克公园

织梦筑鸟巢——国家体育场

漪 水 盈 方——国家游泳中心

曲 扇 临 风——国家体育馆

华 章 凝 彩——新建奥运场馆

故 韵 新 声——改扩建奥运场馆

诗 意 漫 城——景观规划设计

再 塑 北 京——市政与交通工程

2008北京奥运建筑丛书

《梦寻千回——北京奥运总体规划》

本卷编委会

主　任　朱小地
副主任　陈　杰　张　宇　张　青　邵韦平

委　员　（排名不分先后）
熊　明　胡庆昌　程懋堃　马国馨　何玉如　刘　力
柴裴义　柯长华　胡　越　刘晓钟　王　兵　黄　薇
杨海宇　郑　实　金卫钧　姜　维　徐全胜　陈　光
谢　强　褚　平　王　戈　王晓群　杨　洲　党辉军
叶依谦　吴　晨　金　磊

主　编　张　宇

副主编　金　磊（常务）吴宜夏

执行主编　崔卯昕

编　辑　李　沉　刘江峰　张　翼　刘　辉　刘旭东

摄　影　王慧明　冯新力　叶金中　万玉藻　刘锦标　傅忠庆
王欣斌　董　博　陈　鹤　陈伯超　柳　笛　欧国家
杨超英　刘　辉　马日杰

总　　序

奥运会，作为人类传统的体育盛会，以五环辉耀的奥林匹克精神，牵动着五大洲不同肤色亿万观众的心。奥林匹克运动不仅是世界体育健儿展示力与美的舞台，是传承人类共荣和谐梦想的载体，也为世界建筑界搭建了一个展现多元的建筑文化、最新的建筑设计理念、建筑技术与材料、建筑施工与管理水平的竞技场。2008年北京奥运会，作为奥林匹克精神与古老的中华文明在东方的第一次相会，更为中国建筑师及世界各国建筑师们提供了展示建筑创作才华与智慧的机会：国内外的建筑师的合力参与，现代建筑形式与中国传统文化的结合，都赋予了北京奥运建筑迥异于历届奥运建筑的独特性，并将成为一笔丰赡的奥林匹克文化遗产和人类共享的世界建筑遗产。

随着2008年的到来，北京奥运会的筹备工作已进入决胜之年。而奥运会筹备工作的重头戏——奥运场馆建设，在陆续完成主要建设工程后，正在紧锣密鼓地进行后续工作，并抓紧承办测试赛的机会，对场馆设施和服务进行了最后阶段的至关重要的检测。奥运场馆的相继亮相，以及奥林匹克公园、国家会议中心、数字北京大厦、奥运村等奥运会的相关设施的落成，都为北京现代新建筑景观增添了吸引世人聚焦的亮点。而由著名建筑大师及建筑设计事务所参与设计的奥运场馆，诸如国家体育场（"鸟巢"）、国家游泳中心（"水立方"）等，更成为北京新的地标性建筑。

2008年北京奥运会新建场馆15处，改扩建场馆14处，临建场馆7处，相关设施5处。其中国家体育场、国家游泳中心、国家体育馆、北京射击馆、国家会议中心、奥林匹克公园、奥运村、媒体村、数字北京大厦等新建场馆以及相关设施，或者由世界上知名的设计师及事务所设计，或者拥有世界体育建筑中最先进的技术设备。无论从设计理念上，还是从技术层面上，这些建筑都承载了北京现代建筑的最新的信息，体现了北京奥运会"绿色奥运、科技奥运、人文奥运"的宗旨，成为2008年国际建筑界关注的热点。向世界展示北京奥运建筑、宣传奥运建筑也成为中国建筑界义不容辞的一项责任。

为共襄盛举，中国建筑学会与中国建筑工业出版社共同策划出版了这套"2008北京奥运建筑丛书"，以十卷精美的出版物向世界全面展现北京奥运建筑的风采。用出版物的形式记录北京奥运建筑的设计理念、先进技术、优美形象，是宣传和展示2008年北京奥运会的重要方式，这既为世界建筑界奉献了一套建筑艺术图书精品，也为后人留下了一份珍贵的奥林匹克文化遗产。

本套丛书共包括《梦寻千回——北京奥运总体规划》、《宏构如花——奥运建筑总览》、《五环绿苑——奥林匹克公园》、《织梦筑鸟巢——国家体育场》、《漪水盈方——国家游泳中心》、《曲扇临风——国家体育馆》、《华章凝彩——新建奥运场馆》、《故韵新声——改扩建奥运场馆》、《诗意漫城——景观规划设计》以及《再塑北京——市政与交通工程》十卷，从奥运总体规划到单体场馆介绍，全面展示了北京奥运建筑的方方面面。整套丛书从策划到编撰完成，历时两年。作为一项艰巨复杂的系统工程，丛书的编撰难度很大，参与编写的单位和人员众多，资料数据繁杂。在中国建筑学会和中国建筑工业出版社的总牵头下，丛书的编撰得到了住房和城乡建设部、北京奥组委、北京2008办公室及首都规划建设委员会的大力支持，更有中国建筑设计研究院、国家体育场有限责任公司、北京市建筑设计研究院、中建国际设计顾问有限公司、北京国家游泳中心有限责任公司、清华大学建筑设计研究院、北京清华城市规划设计研究院风景园林规划设计研究所、北京市政工程总院等分卷主编单位的热情参与，各奥运建筑的设计单位也对丛书的编撰给予了很大的帮助。作为中国建筑界国家级学术团体和最强的图书出版机构，中国建筑学会与中国建筑工业出版社强强联合，再借国内外建筑界积极参与的合力，保证了丛书的学术性、技术性、系统性和权威性。

本套丛书凝聚了国内外建筑界的苦心之思，也是中国建筑界奉献给2008年北京奥运会、奉献给世界建筑界的一份礼物。希望通过本套丛书的编撰，打造一套具有国际水平的图书精品，全面向世界展示北京奥运建筑风貌，同时也可以促进我国建筑设计、工程施工、工程管理以及整个城市建设水平的提升，促进我国建设领域与国际更快更好地接轨。

宋春华
建设部原副部长
中国建筑学会理事长
2008年2月3日

目　　录

第一篇　源起与历程

一、　第一次申办：从亚运走向奥运

早在亚运会筹划阶段，中国就已经把目光注视着未来的奥运会，亚运会的成功举办更激励了中国人民进一步申办奥运会的信心和决心。1990年7月3日，邓小平同志视察即将投入使用的国家奥林匹克体育中心时就说过："你们办奥运会的决心下了没有？为什么不敢干这件事呢？建设了这样的体育设施如果不办奥运会是个浪费，就等于浪费了一半。"国际奥委会主席萨马兰奇在观看了亚运会的开幕式之后说：在昨天看到本届亚运会成功的开幕式后，他和他的同事认为中国完全有能力组织好奥林匹克运动会。

下面是2000年奥运会申办过程的主要时间表：

1991年2月国务院同意申请在北京承办2000年奥运会；

1991年4月成立奥运会申办委员会，下设总体组、计划财务组、公关联络组、工程规划组；

1992年4月15日申奥报名截止，有八个城市提出申办，分别是：北京、柏林、巴西利亚、伊斯坦布尔、曼彻斯特、米兰、悉尼、塔什干（后塔什干、米兰和巴西利亚先后退出）；

1993年1月正式向国际奥委会送交申办报告；

1993年3月国际奥委会12人考察团访问北京，中国政府重申：中国政府全力支持北京申办2000年奥运会，如申办成功，中国有能力、有条件办好这届体坛盛会，中国政府将在财力、物力和人力等方面给予充分的保证和支持。

1993年9月24日在国际奥委会101次全体会议上经过四轮投票角逐，最后悉尼获2000年奥运会主办权，北京以2票之差落选。

这是我国第一次申办奥运会，对申办工作来说，是一次全方位、多专业的全面考验，因为主要涉及外交、联络、新闻、公关、宣传、财务、比赛、住宿、医疗、检疫、规划、建筑等各方面的内容，我们提出了"开放的中国盼奥运"的口号。在申办过程中，北京市建筑设计研究院承担了申办报告书中有关场馆规划部分的任务，以保证申办报告在1992年底准时送出。当时奥申委负责工程规划部门的负责人员是王宗礼等人，北京市建筑设计研究院具体参与体育设施规划的有马国馨、单可民、王兵、陈晓民、程大鹏等人，而奥运村部分则由北京市建筑设计研究院住宅所（现第六设计所）完成。设计工作及相关申办材料的准备由1991年7月开始，进行了调研和方案设计，其间从1992年9月起，将场馆设施方案陆续提交各国际单项体育联合会征求意见，前后修改调整多次后于1992年底完成。最后的申办报告共3册457页，分"基本内容"、"奥林匹克内容"和"技术内容"三部分。其中"奥林匹克内容"包括了奥运会设施和奥运村，占了316页（当然里面还有相当一部分是已建设施）。预计所设的25个比赛项目共需26个场馆，其中7个为新建，这些设施距奥运村一般都在20公里之内。

主体育场计划10万观众，按原规划安排设在国家奥林匹克体育中心的南侧54公顷用地中，考虑到观众的容量和疏散需要，更多地安排停车场，所以最初规划的几个大型场馆就未放在这里。另外一个重要举措就是准备启用位于西郊的五棵松体育中心，并参照外国朋友的建议，起名为"21世纪体育中心"，以表现面向未来的构想。在46公顷用地中设了多功能体育馆，游泳和跳水池有意识地设于室外，以节约造价及利于赛后的改造，网球比赛也拟设在这里，中心体育场本次先不修建。另外准备在昌平自行车场旁再建一个自行车馆。由于是在1992年做这一工作，所以也很受当时巴塞罗那奥运会设施的影响。1993年3月国际奥委会考察团来京考察后在7月3日公布了对各申办城市的考察报告，在关于北京的报告中对有关设施的评语现摘录如下：

"问题8—奥运村。可容纳15 000～20 000人，由16座高层塔楼建筑组成，最高一座高22层，可提供合适的住宿条件。考察团感到高层建筑在奥运村中并不十分适用。奥运村至各场馆（除帆船场地外）的距离，是一非常积极的因素，旅途平均时间15分钟，最长旅途时间为30分钟。"

"问题12—比赛场地。关于场馆设施，现存场馆17座，8座新建。各场馆尽管已获国际单项体育联合会的批准，但申办委员会已承诺，所有场地仍将进行改建和翻新。关于运动员更衣室和服务性设施，现有水平尚在相当程度上低于国际标准。考察团已对此向申办委员会表示关注并提请予以特别注意。申办委员会已提交书面保证，将邀请各国际单项体育联合会的专家来华协助，对所有设施进行改建、翻新、扩建和现代化，并审核新设施的建设方案。”

从整体看考察团的评语还是比较客观的，当然北京最后没有申办成功更多的还是其他方面的原因。但这也提醒我们，如在奥运村的设计上虽然莫斯科奥运会也使用过高层住宅，但我们当时是否更多地关注了赛后的销售？另外，首都体育馆的运动员休息室和沐浴在内部不相连而分置两处，却让考察团注意到了，但后来奥申委马上根据国际惯例由设计院出图对原首体的运动员休息室进行了改造，此后休息室的布置就成为国内各重要体育设施建造时大家关注的重点部位了。

1992年10月，因国际体育会议在摩纳哥召开，会上除有体育专题报告和论文交流外，2000年的申办城市也借此机会做一些宣传。悉尼这次申办表现出了强劲的势头，因为这是他们继1992年的布里斯班、1996年的墨尔本之后，连续第三次争办，因此经验也很丰富，尤其在造势上也很有办法，如他们提出了“共享奥运精神”的申办口号，策划了有4平方米巨大尺度的申办标志，这次会议因为不是专门的申办会议，所以中国代表团只是带了几个纸箱子的宣传品和纪念品，到会场后没有多少时间就被一抢而光，而悉尼代表团运来的是整整一集装箱。由此可见他们对于每一环节的重视以及前期巨大的财力投入。柏林的申办是在1989年两德统一后的背景下，在德国奥委会1991年统一后第一次会议上决定的，他们提出了一个“柏林感谢世界”的诱人口号。在那时柏林已经特别注意从人文和文化的角度来打动世界：他们的申办宣传材料中在醒目的位置介绍了19世纪以来多位与柏林有关的各界人物。其中包括哲学家黑格尔，理论物理学家爱因斯坦和普朗克，自然科学家和探险家洪堡，考古学家谢里曼，画家珂勒惠支和贝克曼，剧作家、导演布莱希特、莱恩哈特、希区柯克，音乐指挥卡拉扬，电影演员黛德丽，拳击运动员施梅灵，田径运动员欧文斯等，可见他们在申办时不仅注重从体育角度，而且也更重视文化以及表现其文化特色的载体——人。伊斯坦布尔位于亚、欧两大洲交汇处，如果举办将是在两大洲召开奥运会的特例，所以他们用“相会在欧亚交汇处”来提醒人们注意这一地理特色，像他们的马拉松比赛有意将起点和终点安排在两大洲，应该说很有创意，而且从以后的申办看伊斯坦布尔还很有锲而不舍的精神。而曼彻斯特也是英国在1992年伯明翰，1996年曼彻斯特之后的第三次申办，他们积累了经验，有良好的人际关系，2000年的失败看来也为伦敦取得2012年的承办权打下了基础。

二、 第二次申办

（一）综述：新的理念、新的期待

2000年，北京市建筑设计研究院承担了29届奥运会32个比赛场馆的设计和改造工作，同时还承担了奥运村、国际广播中心、主新闻中心的设计和整个奥林匹克公园综合方案的规划工作。平时参加工作的人数约在30人左右，最多时达150多人。除完成上述设计外，北京院还在北京奥申委的领导下，配合申奥进程，做了大量的工作，如编制投资估算、“题库”和“技术性支撑文件”，翻译，制作展板和多媒体光盘，专家咨询等，并参加了申办报告的编写。

1.场馆规划综述

2008年第29届夏季奥运会设定的比赛项目有28个，要求申办城市提供37个场馆供比赛使用。这28个项目是：田径、游泳、体操、篮球、排球、足球、网球、羽毛球、手球、曲棍球、棒球、垒球、乒乓球、举重、摔跤、柔道、跆拳道、拳击、自行车、赛艇、皮划艇、马术、射击、射箭、击剑、现代五项运动、铁人三项运动、帆船。供比赛用的37个场馆中，有32个设在北京，其余5个设在其他城市。其中，帆船比赛在青岛举行，4个足球预赛场地分别设在上海、天津、沈阳和秦皇岛。

北京的32个场馆中，已建需改造的有13个，计划兴建的有11个，还有8个场馆是为承办奥运会需要新建的。需要特别指出的是，上述所有场馆都将按国际单项体育组织和夏季奥林匹克国际联合会关于2008年奥运会候选城市手册的要求进行改造和兴建，并最终得到国际单项体育组织的批准。

场馆的规划选址、设计、施工、交通组织、环境保护和赛后利用等还将充分体现"绿色奥运、人文奥运、科技奥运"的理念。

北京的奥运场馆主要分布在城市北部和西部四个区域内，即一个中心区和三个分区。中心区所在的奥林匹克公园，占地面积约1215公顷，其中，760公顷为洼里森林绿地，405公顷为国际展览体育中心用地，50公顷为中华民族园用地。这里将新建和改造14个比赛场馆，安排15个比赛项目（分别占到北京赛区场馆和比赛项目的50%和53.6%），建有奥运村、记者村、主新闻中心和国际广播中心等，三个分区为大学区、西部社区和北部风景旅游区。除此以外，还有工人体育场、工人体育馆、北海、紫禁城（铁人三项）等比赛场地。未来奥林匹克公园新建的国际展览中心将有4个展馆在奥运会期间用来安排击剑、现代五项的射击与击剑、摔跤、羽毛球、乒乓球等比赛项目（见图1.2.1）。

从中心区到三个分区的距离分别为3公里、10公里和28公里。

北京奥运场馆的规划采用既集中又合理分散的原则：①有利于比赛的组织和管理；②有利于对现有场馆设施的多功能使用；③有利于合理组织交通，确保线路的畅通和安全。由于奥运场馆大部分位于以四环路为主的快速路两侧，从奥运村到各场馆，行车在10分钟内可以到达的占53%，最远处用时仅28分钟。随着地铁5号线的建设，通往奥林匹克公园的奥运专线（即8号线）也将开通，届时将为城区居民开辟一条直接通往奥运中心区的专用地铁线，奥运交通组织更显流畅和便捷（见图1.2.2）；④有利于赛后利用。

2001年5月15日，国际奥委会在评估北京奥运场馆的建设时，认为在体育场馆的规划方面，包括奥运村和记者村、主新闻中心和国际广播中心的规划都是严密的，奥林匹克公园在环保方面做得很出色，该公园的位置、到赛场的便捷和较短的交通用时，都说明北京提出了一个高质量尤其是以运动员为中心的体育规划。场馆的建设计划是可以实现的。评估委员会相信，在北京举行的奥运会将会给中国和世界体育留下独一无二的宝贵遗产（见图1.2.3）。

2．"人文奥运、绿色奥运、科技奥运"理念

场馆设计的好坏，将直接关系到承办城市能否为奥运会的主体——运动员提供一个适宜于比赛以创造优秀成绩的环境，所以，我们在场馆方案设计中始终坚持以人为本的原则，力求使设计的体育场馆做到布局合理，功能完善和交通便捷，以便让参赛的运动员和观众能在最短的时间内到达比赛地点，并以最简短的路线，方便使用体育场馆的各项设施。我们设计的每个场馆都要为运动员、裁判员、奥运会官员和记者提供符合标准的比赛场地、足够的技术装备、优良的工作用房和设备设施完善的配套服务用房，以及为观众提供视线好、座位舒适的观看比赛的空间。并注重场馆的多功能性和多用途的综合利用，以便更多的市民今后有机会利用这些设施直接参加体育比赛或其他活动，如文娱演出、集会、休闲和健身等。可以这样说，北京申奥场馆的设计，充分体现了人文奥运的理念。

另外，我们还看到，北京是世界名城，又是文化古都，它有三千年深厚的文化底蕴，所以在规划设计奥运场馆的时候，

1.2.1　申办时的国家体育馆效果图

1.2.2 申办时奥林匹克公园鸟瞰图

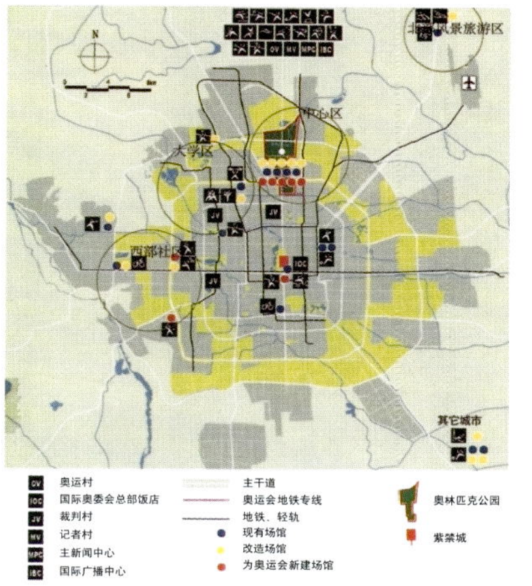

1.2.3 申办时北京奥运场馆规划分布图

奥运村和城市中轴线

Olympic Village and City Axis

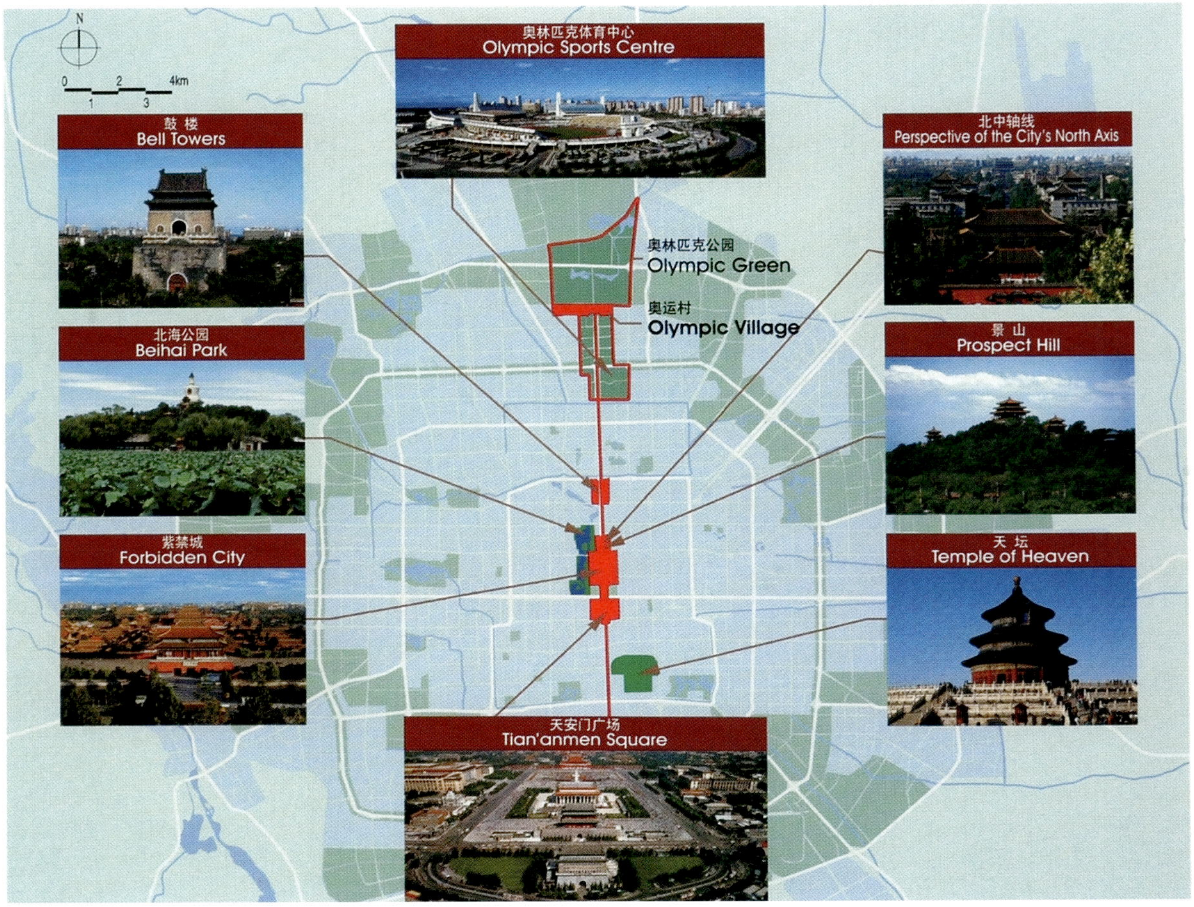

1.2.4 奥运村和城市中轴线

也充分考虑到了这样一个历史人文特点，即要把场馆设计与北京浓厚的文化气息结合起来。譬如说，奥林匹克公园就规划在最具文化特色的中轴线北端；一些比赛项目如“马拉松”、“铁人三项”（原定于北海公园举办，后改至昌平区十三陵水库铁人三项赛场）、“沙滩排球”（朝阳公园内）安排在内城进行，好让更多的市民参与比赛、贴近比赛，本身就具人文奥运的特点。尤以马拉松比赛为例，起点安排在紫禁城，终点设在奥林匹克公园内的国家体育场，其一中一西、一古一今，既是古代东方文化和现代奥林匹克运动的结合，又是中西文化交融的体现（见图1.2.4）。

1.2.5 申办时的北京工人体育场

1.2.6 奥体中心体育馆

1.2.7 首都体育馆

关于绿色奥运。我们所理解的绿色奥运的内容应是很广泛的，除了种树、种草，绿化城市改善生态环境以外，节能、节水、太阳能的利用，甚至包括无公害建材制品应用在奥运场馆和奥运村的建设中都是绿色奥运的范畴。奥运村广泛采用清洁能源，运动员居住的房间包括地板、顶棚、墙面的油漆涂料，乃至家具、陈设都是环保产品。所有奥运场馆的设计，绿色奥运的理念应充分体现功能、环保、节能和艺术的结合，因为筹办奥运的宗旨是要为运动员创造一个优美、舒适、安静和安全的居住环境，以便他们在这样的环境中创造出最好的比赛成绩。同时我们也要为广大观众创造一个舒适的观看比赛的环境，要为国际奥委会和国际单项体育组织的官员、新闻媒体提供一个设备先进、环境宜人的工作氛围。

北京奥运会重点改造的三个奥运场馆（北京工人体育场、首都体育馆、奥体中心综合馆），改造时除对功能按国际奥委会的要求进行调整外，还广泛采用了环保设备和无公害建材制品，如太阳能生态厕所、太阳能电话装置、太阳能智能照明、纳米涂料、纳米防水吸声板、纳米空气净化器等。从三个场馆的改造情况来看，绿色奥运的理念必将延伸到整个城市，使北京的环保工作得到更大的发展，城市生态环境得以更大的改善（图1.2.5、图1.2.6、图1.2.7）。

所谓科技奥运，就是要在奥运场馆设计中注入高科技的内容，如数字化宽带网络通信、无线传递、电子信息技术和其他计算机技术的开发应用，使奥运比赛场馆更具现代化。特别是利用互联网传播信息的技术将在奥运场馆的设计中被广泛采用。除此以外，还将吸收世界上最先进的技术，推动相关技术和产品的更新换代。节能、节水、垃圾无害化处理和太阳能也要被广泛应用，新的结构体系、新型建材以及电子信息处理系统都要在场馆设计中得到体现，智能化技术也要融入现代奥运场馆的设计之中。上述三个场馆改造工程，为满足奥运比赛通讯传媒的要求，应用了闭路电视系统、互联网、数字化信息处理技术。记者可以在记者席或新闻工作室通过互联网，直接把新闻传递到主新闻中心和国际广播中心，或直接往本国通讯社传送图像。观众也可以通过大屏幕在赛场重温比赛瞬间精彩场面，体育官员可采用先进的传媒手段了解比赛进程和整个工作状态，这些设施在当时举行的世界大学生运动会期间正式投入使用（图1.2.8）。

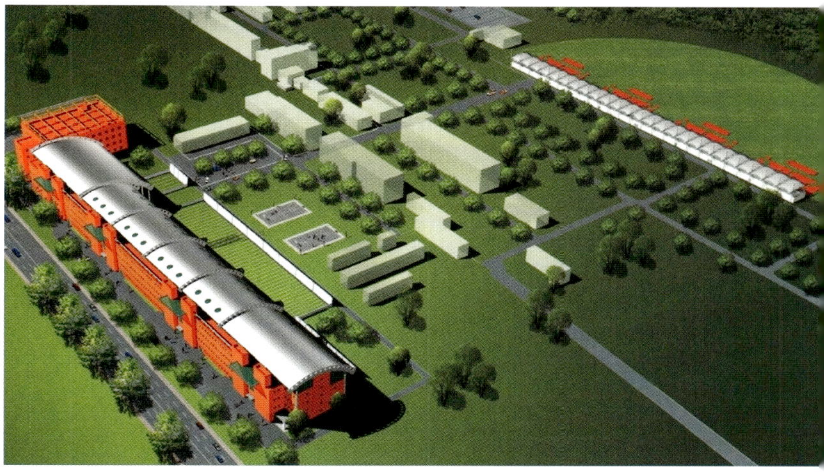

1.2.8 申办时的北京射击馆规划效果图

1.2.9 申办时的老山自行车馆规划效果图

奥运村也将为每一套运动员公寓装备宽带网络、电话、有线电视、闭路电视、红外线防盗警报系统和指纹锁。村内还将设置网吧和建立一个“数字世界在线”，参加者可以使用先进的技术相互联系，并同外部世界保持密切接触（图1.2.9、图1.2.10）。

1.2.10　申办时的奥运村规划透视图

1.2.11 奥林匹克公园总体规划图

1.2.12 申办时的奥林匹克体育中心体育场效果图

1.2.13 申办时的排球比赛场效果图

北京的申办口号是"新北京、新奥运"，一个"新"字，本身就含有高新技术的内容。设计一个造型新颖、结构先进、功能齐全、设备良好和安全可靠并拥有现代传媒技术的场馆，是我们从事建筑设计的建筑师和工程师们追求的目标。

进入20世纪90年代，国际奥委会对奥运设施的赛后利用特别关注，他们希望奥运会的举办不要对承办城市增加经济上的负担和财政损失，他们竭力主张奥运设施的建设要和赛后利用结合起来，以免这些设施赛后因得不到充分利用而受到谴责，影响国际奥委会的声誉。如前所述，他们希望奥运会能为承办国留下一笔体育财富。

如果申办成功，北京的城市建设肯定会以更快的速度向前发展，建设现代化国际大都市的进程会加快，整个城市生活质量也会得到极大提高。

奥林匹克公园赛后将成为北京最大的综合社区，其功能集商贸、办公、展览、体育、博览、休闲于一体，是新世纪初首都城市建设的标志。特别是奥林匹克公园紧邻中关村科技园区，在国务院要求把中关村建成基础设施完善、环境清新优美、文化气氛浓郁、社会秩序良好的城市新区的情况下，奥林匹克公园的建成，将与中关村科技园区形成互补互助格局，这对首都21世纪的持续发展具有极其重要的战略意义。除此以外，在奥林匹克公园内新建的可容纳8万名观众的国家体育场、国家体育馆、国家游泳中心和国家网球中心，都是规模宏大、造型新颖、科技含量高的国家级的体育设施，加上新建和改扩建的其他场馆，奥运会后，又为京城百姓提供了许多新的全民健身运动以及休闲娱乐的场所，而更重要的是，这些设备完善、完全符合奥林匹克比赛要求的大中型场馆，可为我国和北京市今后承办更多的国内外赛事提供新的高水平的硬件设施。从总体实力来看，拥有这笔财富，这是一次提升，是建设首都国际化大都市进程中的一个飞跃（图1.2.11、图1.2.12）。

奥运村北靠洼里森林绿地，南临奥林匹克公园中心区，拥有单元式住宅36万平方米，可接待17600多名运动员和随队官员住宿，奥运会后将以商品住宅出售。奥运村设有"国际区"。奥运村为运动员服务的公共设施如餐厅、练习馆、商业娱乐用房、新闻中心等均为临时建筑，赛后将拆除并重新修建小区配套设施等永久性建筑。奥运会后这里将是一个设备设施完善的住宅区，其优美舒适的居住环境将丰富首都北部社区的人文景观（图1.2.13）。

大学区的新建场馆都坐落在校园内，赛后将恢复原有的功能，为教学、训练、比赛、文艺活动等使用，同时也可作为地区性和全市性体育设施的补充（图1.2.14）。

西部社区将新建"五棵松体育中心"，赛后将为四环路

1.2.14 申办时的奥体中心垒球场效果图

两侧周边地区的居民提供体育健身和娱乐的场所，使北京市体育设施的分布更趋合理。同时，西部社区场馆的建设又为自行车、射击、棒球等专业队伍提供设备优良的训练场地，为提高我国专项比赛水平创造条件。

顺义奥林匹克水上公园乡村赛马场位于风景优美的潮白河畔，结合生态环境保护开辟的水上公园既是奥运赛艇、皮划艇的比赛场所，赛后亦将成为北京水上运动专项训练场地和提供水上体育、休闲空间，并与周围怡生园国际会议中心等星级饭店互相呼应，形成有特色的北部风景旅游区。

3.奥运场馆规划的启示

（1）现代奥林匹克运动内涵非常丰富，北京提出“绿色奥运、人文奥运、科技奥运”的理念完全符合现代奥林匹克运动精神。设计奥运场馆的最终目的是要有利于安排体育比赛项目。所以，场馆建设的规划布局，必须考虑城市基础设施条件，交通状况和环境质量，以及其他人文因素。

（2）当今世界科技发展日新月异，申办奥运从某种意义上来说，也是体育设施的较量。注重场馆的使用功能，加大场馆建设的科技含量，采用先进的结构形式和最新的传媒技术，不但能为奥运会提供优良的比赛场所和工作环境，同时也将提高城市的物质文明程度，加快城市现代化进程。

（3）总结以往场馆设计的经验和教训，今后在兴建各类体育场馆时，要特别注意体育工艺的正确性和设备设施的前瞻性，以免今后承办重大国际赛事时，重复投入资金于改造工程，造成不必要的浪费，或增加改造工程的难度。

（4）环境保护是国际奥委会十分关注的问题。要为奥运会比赛创造一个无污染的生态环境，已为各申办城市高度重视。申办报告专有一章来叙述申办城市的环境保护工作，是国际奥委会对申办城市评估的一个重要方面。悉尼以“绿色奥运”为主题，成功举办了2000年第27届奥运会，并成为奥运史上最好的一届奥运会，其成功的原因就是悉尼奥运组委会在环保方面做了很多不同寻常的工作，丰富了“绿色奥运”的内涵。而北京的环境保护工作也是以这次申办为契机，以“绿色”理念创造绿色社区、绿色校园、绿色旅游……，使北京建成一个树木茂盛、绿草如茵、河水清澈、拥有蔚蓝天空、宜人居住的国际大都市。

1.2.15　申办时的部分场馆效果图

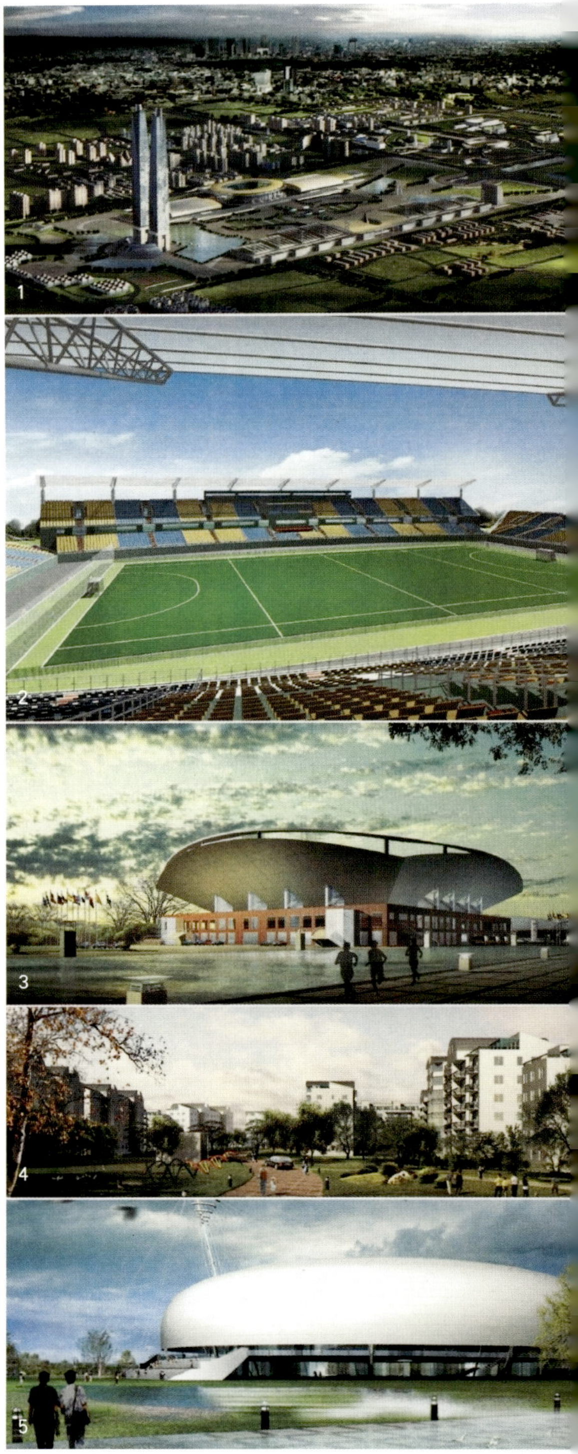

1.奥林匹克公园鸟瞰图
2.奥林匹克公园国家曲棍球A场
3.奥林匹克公园国家网球中心
4.奥运村运动员公寓
5.“大学区”首都体院体育馆

（二）申办奥运会时奥运会场馆及设施总体布局

1.《小申奥报告》（22个问题）中的申办场馆布局

（1）《小申奥报告》编制的背景

1999年提出申办2008年奥运会的城市共有10个，分别是泰

6.奥林匹克公园国家体育场、国家体育馆和国家游泳中心
7.国家游泳中心赛场内景
8.奥运村鸟瞰图
9.建在奥林匹克公园内的国际展览中心(奥运会期间将有4个展馆用作赛场，另外4个展馆安排主新闻中心和国际广播中心用房)
10.“西部社区”老山赛车馆

1.2.16　申办时的国家曲棍球场A场效果图

国曼谷、马来西亚吉隆坡、中国北京、日本大阪、埃及开罗、法国巴黎、古巴哈瓦那、西班牙塞维利亚、土耳其伊斯坦布尔和加拿大多伦多。为了节省申办城市的财力投入，避免1998年盐湖城冬奥会贿赂事件的发生，国际奥委会1999年12月洛桑会议对申办程序进行了重大改革，于2000年2月18日通过了新的“申办接受程序”，根据程序要求，首先要在10个提出申请的城市中选出3～5个最终参加申办的城市，并于2000年8月28～29日决定候选城市的具体名单。

2000年2月24日，国际奥委会向10个申请城市发出了包括6个方面22个问题的“2008年奥运会申办问卷”（以下简称22个问题），要求在6月20日之前，按照要求书面回答完成并送交国际奥委会。国际奥委会将组成13人的专家组对各申请城市的能力和条件及回答情况进行评估打分，并据此对10个城市进行筛选。

（2）与场馆设施相关的问题

为此，北京2008年奥运会申办委员会组织专家进行了应急回答，其中关于场馆及设施规划的问题共有7个，分别是：⑦现有的一般性基础设施；⑧计划中的城市基础设施；⑨增建的城市基础设施；⑪现有的体育基础设施；⑫计划中的体育基础设施；⑬增建的体育基础设施；⑭奥运村和记者村（注：序号为当时所提出问题的序号）。

（3）体育基础设施问题的回答

国际奥委会在提出体育设施使用情况的问卷时，希望该城市为奥运会特别建设的场馆不要太多，以减少奥运会对城市的压力。客观来讲，北京现状体育设施能够用于奥运会的不算太多，特别是重要的、大型的设施更是不足。按照国际奥委会的想法，结合城市的公共设施发展前景，将大部分体育设施归类在了城市本来就要建设的类别中，最终为奥运会特别建设的只有5个）。

问题⑪：现有的体育基础设施

场馆名称	安排比赛项目
1. 奥体中心体育场	足球
2. 奥体中心体育馆	手球
3. 英东游泳馆	花样游泳
4. 奥体中心曲棍球场	曲棍球
5. 奥体中心垒球A场	垒球
6. 首都体育馆	排球
7. 北京射击场	射击
8. 北京射箭场	射箭
9. 工人体育场	足球
10. 工人体育馆	拳击
11. 丰台棒球场	棒球
12. 老山赛车场	自行车
13. 八一现代五项中心	现代五项
14. 乡村赛马场	马术
15. 北京体育大学运动场	排球（沙滩）
16. 北京航空航天大学体育馆	篮球
17. 清华大学体育馆	举重
18. 上海体育场	足球
19. 沈阳体育场	足球

问题⑫：计划中的体育基础设施

<table>
<tr><th>场馆名称</th><th>建成时间</th><th>投资方</th><th>安排的比赛项目</th></tr>
<tr><td>1. 昌平水上俱乐部</td><td>2002</td><td>北京凯伯尔划水有限公司</td><td>皮划艇激流回旋比赛</td></tr>
<tr><td>2. 国家网球中心</td><td>2005</td><td>北京市政府</td><td>网球比赛</td></tr>
<tr><td>3. 老山赛车馆</td><td>2005</td><td rowspan="2">国家体育总局</td><td>自行车场地赛</td></tr>
<tr><td>4. 北京射击馆</td><td>2005</td><td>射击比赛</td></tr>
<tr><td>5. 国际展览体育中心展馆A</td><td>2007</td><td rowspan="4">中国贸促会
北京贸促会</td><td>艺术体操、蹦床比赛</td></tr>
<tr><td>6. 国际展览体育中心展馆B</td><td>2007</td><td>击剑比赛</td></tr>
<tr><td>7. 国际展览体育中心展馆C</td><td>2007</td><td>羽毛球比赛</td></tr>
<tr><td>8. 国际展览体育中心展馆D</td><td>2007</td><td>摔跤比赛</td></tr>
<tr><td>9. 五棵松体育馆</td><td>2005</td><td rowspan="3">北京市政府</td><td>篮球比赛</td></tr>
<tr><td>10. 五棵松游泳馆</td><td>2005</td><td>游泳比赛</td></tr>
<tr><td>11. 五棵松水球馆</td><td>2005</td><td>水球比赛</td></tr>
<tr><td>12. 北京体育师范学院体育馆</td><td>2005</td><td>北京体育师范学院</td><td>柔道、跆拳道比赛</td></tr>
<tr><td>13. 北京体育大学体育馆</td><td>2005</td><td>北京体育大学</td><td>排球比赛</td></tr>
<tr><td>14. 顺义水上中心</td><td>2005</td><td rowspan="2">北京市政府</td><td>赛艇、皮划艇静水比赛</td></tr>
<tr><td>15. 十三陵水库</td><td>2005</td><td>铁人三项比赛</td></tr>
</table>

问题⑫：计划中的体育基础设施　　续表

16．青岛帆船中心	2002	青岛市政府	帆船比赛
17．天津体育场	2004	天津市政府	足球预赛
18．秦皇岛体育场	2002	秦皇岛市政府	足球预赛

问题⑬：增建的体育基础设施

场馆名称	计划安排的比赛项目
1．国家体育场	开闭幕式、田径
2．国家体育馆	竞技体操、手球决赛
3．人民体育馆	乒乓球
4．国家曲棍球场	曲棍球
5．奥体中心垒球B场	垒球

（4）运动员村和记者村问题的回答

运动员是整个奥运舞台的主角，保证奥运会1万多名运动员的住宿休息是运动员能够赛出成绩、展现风采的前提，因此，国际奥委会非常关注运动员村的住宿问题。记者是将奥运会传达给全世界的重要媒介，因此国际奥委会也十分关注奥运会期间约2万名记者的住宿和休息。为此，北京为运动员和记者准备了非常好的住宿休息条件。

运动员村建于环境优美的奥林匹克公园内，占地约80公顷，建筑面积约40万平方米。运动员村的规划、建设以居住舒适、保护环境、生活方便、安全可靠、交通便利为宗旨，所有这些将有利于运动员身心愉快和创造优异成绩。运动员村内有供15000运动员、官员居住的不超过6层的公寓，1～2人一个房间，配备电梯、卫生、沐浴等设备，餐厅24小时服务，满足各种饮食习惯。运动员村内还有医院、诊所、会议、购物、电影院、戏院、图书馆、银行、邮局和宗教场所等。村内使用环保交通工具，有多条公共交通线路。田径等12个项目的比赛场馆均在步行距离内（当然也有交通工具可供使用），其余比赛场馆（除帆船、足球预赛外）乘车30分钟内均可到达。由村内乘地铁15分钟可达市中心。

记者村设在主新闻中心和国际广播电视中心附近的饭店群内，并有不同档次的房间可供选择，可接待15000名记者。每个饭店均有现代通信及网络设备，可昼夜使用。

奥运会后，运动员村中的建筑设施将由开发商出售、出租，邮局、银行、图书馆等设施将成为社区公用设施。运动员村将通过招投标，由开发商投资建设。组委会将根据国际奥委会所给定的配额，向合法注册的运动员和官员提供费用（图1.2.17）。

1.2.17　申办时的奥运村公寓效果图

距离为乘车平均距离（公里）	国际机场	主要饭店区	运动员村	国家体育场	记者村	主新闻中心/国际广播中心
国际机场						
主要饭店区	17～30					
运动员村	21	8～13				
国家体育场	21	8～13	＜2			
记者村	21	8～13	＜2	＜2		
主新闻中心/国际广播中心	21	8～13	＜2	＜2	＜2	
田径	21	8～13	＜2	＜2	＜2	＜2
赛艇	19	32～45	36	36	36	36
羽毛球	21	8～13	＜2	＜2	＜2	＜2
棒球	42	12～25	23	23	23	23
篮球	37	7～20	18	18	18	18
拳击	21	4～19	12	12	12	12
皮划艇	19	3245	36	36	36	36
自行车	42	12～25	23	23	23	23
马术	17	3043	34	34	34	34
击剑	21	8～13	＜2	＜2	＜2	＜2
足球	21	4～19	12	12	12	12
体操	21	8～13	＜2	＜2	＜2	＜2
举重	27	11～19	6	6	6	6
手球	21	8～13	＜2	＜2	＜2	＜2
曲棍球	21	8～13	＜2	＜2	＜2	＜2
柔道	24	6～14	5	5	5	5
摔跤	21	8～13	＜2	＜2	＜2	＜2
游泳	37	7～20	18	18	18	18
现代五项	54	24～37	35	35	35	35
垒球	21	8～13	＜2	＜2	＜2	＜2
跆拳道	24	6～14	5	5	5	5
网球	21	8～13	＜2	＜2	＜2	＜2
乒乓球	21	8～13	＜2	＜2	＜2	＜2
射击	39	9～25	19	19	19	19
射箭	39	9～25	19	19	19	19
铁人三项	53	40～5	32	32	32	32
排球	31	17	12	12	12	9
帆船	25（青岛）	＜2（青岛）	＜2（青岛）	667（北京）	＜2（青岛）	＜2（青岛）

(5)交通条件问题的回答

申办城市是否具有较好的交通条件，是保证奥运会顺利进行的重要条件。特别是运动员是否能最快到达比赛场馆是保证运动员体力、保证运动员最好成绩的重要前提，因此国际奥委会十分关注申办城市的交通条件，并要求申办城市填写以下表格。经过规划部门的调整完善，我们最终呈现了一个非常利于比赛组织的交通规划。

我们认识到，交通是任何一个奥运会主办城市面临的重要挑战。然而，（在北京）从奥林匹克公园驱车到市内其他比赛和训练地点、机场、IOC总部和其他饭店区都将仅需30分钟；而且81%的比赛和训练地点将坐落在（城市）环路沿线。大多数的比赛场馆和三个主要的饭店区之间都有高速路相连。

（6）第一轮筛选结果

《小申奥报告》22个问题的回答，受到国际奥委会、各国际单项体育组织以及有关专家的肯定。2000年8月28日，国际奥委会公布了筛选结果，北京和另外四座城市大阪、巴黎、伊斯坦布尔和多伦多成为2008年奥运会“候选城市”，进入了下一轮更加激烈的竞争。

2.《申奥报告》的场馆设施布局

（1）京内场馆的规划布局

北京举办2008年奥运会，设28个比赛项目（300个小项），使用37个比赛场馆、59个训练场馆。37个比赛场馆中32个在北京，5个在其他城市。59个训练场馆中54个在北京。

北京的比赛场馆中，使用现有的13个，计划新建11个，为奥运会新建8个。其他城市的5个场馆中，现有2个，计划新建3个。

（2）北京比赛场馆布局的主要特点

①场馆布局的相对集中与适当分散相结合，既便于赛时统一组织管理，又利于赛后单独使用。

北京的奥运会场馆主要集中在城市的北部和西部，分布在4个区域：一个中心区和3个分区。3个分区分别是大学区、西部社区、北部风景旅游区。

中心区位于奥林匹克公园内，安排14个比赛场馆，15个比赛项目；

大学区安排4个比赛场馆、4个比赛项目；

西部社区安排8个比赛场馆、4个比赛项目；

北部风景旅游区安排2个比赛场地、3个比赛项目。

另外还有北京工人体育场、北京工人体育馆、紫禁城铁人三项比赛区、沙滩排球场等4个比赛场地，安排4个比赛项目。

②充分利用现有设施和新建必要的场馆相结合，并注重设施的多功能使用。

这次规划有41%的比赛场馆是现有场馆，训练场馆除了部分与新建比赛场馆配套建设外，其余全部使用现有场馆，这些场馆届时将进行适当的改造。

申奥报告中规划，北京在未来几年内，将按照既定的发展计划建设一些场馆，如国家网球中心、老山自行车馆、顺义水上中心等，这些场馆将用于奥运会的比赛和训练。另外还将建设中国国际展览中心，其中4个展馆将用于比赛、1个展馆用于训练。

北京为奥运会新建的场馆有8个，多是大规模的场馆或临时场地，如：三大场馆（国家体育场、国家体育馆、国家游泳中心）、五棵松体育中心、铁人三项赛场、沙滩排球场等。

所有的新建场馆，将根据国际单项体育组织的要求，结合北京市的体育设施发展规划，建设成国际一流的现代化场馆（图1.2.18～图1.2.20）。

1.2.18　申办时的奥林匹克水上公园效果图

1.2.19 申办时的首都体育学院体育馆效果图

1.2.20 申办时的国家网球中心效果图

区域划分	场馆编号	场馆名称	比赛项目	建设情况			座位数
				现有	计划新建	实际新建	
奥林匹克公园	1	国家体育场	田径、足球决赛			1	80000
	2	国家体育馆	体操、排球决赛、手球决赛			2	19000
	3	游泳中心	游泳（游泳、跳水、水球决赛）			3	17000
	4	奥林匹克公园射箭场	射箭			4	5000
	5	中国国际展览中心展馆A	乒乓球		1		10000
	6	中国国际展览中心展馆B	击剑、现代五项		2		10000
	7	中国国际展览中心展馆C	摔跤		3		10000
	8	中国国际展览中心展馆D	羽毛球		4		7500
	9	国家网球中心	网球			5	21400
	10	国家曲棍球场	曲棍球		5		20000
	11	奥体中心综合馆	手球	1			7000
	12	英东游泳馆	游泳（水球预赛）	2			6000
	13	奥体中心体育场	足球	3			40000
	14	奥体中心垒球场	垒球	4			11000
大学区	15	北京体育大学体育馆	排球		6		10000
	16	首都体育师范学院体育馆	柔道、跆拳道		7		9000
	17	北京航空航天大学体育馆	举重	5			5400
	18	首都体育馆	排球	6			18000
西部社区	19	北京射击场（飞碟）	射击（飞碟）	7			5000
	20	北京射击馆	射击		8		9000
	21	老山山地车场	自行车（山地赛）	8			1000 站席：10000
	22	老山赛车馆	自行车（场地赛）		9		6000
	23	自行车公路赛场	自行车（公路赛）	9			3000
	24	丰台棒球场	棒球			6	15000
	25	五棵松棒球场	棒球			7	25000
	26	五棵松体育馆	篮球		10		20000
	27	顺义奥林匹克水上公园	赛艇、皮划艇		11		20000～35000 站席：10000
	28	北京乡村赛马场	马术	10			30000 站席：50000
	29	紫禁城铁人三项赛场	铁人三项	11			10000
	30	天安门广场沙滩排球场	排球（沙滩）			8	17500
	31	北京工人体育场	足球	12			13000
	32	北京工人体育馆	拳击	13			72000
	33	青岛国际帆船中心	帆船		12		9000 站席：40000 观众船：1000
	34	天津体育场	足球预赛		13		60000
	35	秦皇岛体育场	足球预赛		14		35000
	36	沈阳体育场	足球预赛	14			60000
	37	上海体育场	足球预赛	15			80000

③奥运村与场馆距离近、交通便捷。

奥运村到所有的比赛、训练场馆均在30分钟车程之内，其中53%的比赛场馆可在10分钟车程之内到达，在中心区比赛运动员甚至可以步行到达比赛场馆。

北京2008年奥运会，85%的比赛场馆在城市快速路两侧，并由快速路组成了“奥林匹克交通环”，这些快速路大多是城市北部和西部的外围路，对城市的正常交通影响较小，便于大会的交通组织。

④赛时使用和赛后利用相结合

中心区作为场馆和设施最集中的区域，奥运会后将为市民提供一个集展览、体育、休闲、商业等活动于一体的大型的高品质区域。

大学区的场馆除“首都体育馆”外，其他都坐落于校园内，赛后主要为学生的教学、训练、比赛、文艺活动等使用；

西部社区的场馆分为两种：一种是专业性较强的场馆：如自行车馆、射击场、棒球场等，赛后将成为专业队的训练基地；另一种是一般性的场馆，如五棵松体育中心的设施，赛后将为周边社区的居民服务，缓解城市西部公共体育设施的紧张状况。

北部风景旅游区的顺义水上中心和乡村赛马场，位于风景优美的潮白河畔，周围有怡生园国际会议中心等星级饭店，由于水上、马术项目是旅游者十分喜爱的运动项目，因此奥运会后该区域将成为很有特色的旅游场所。

（3）京外场馆及设施布局

①帆船比赛

北京申办2008年奥运会帆船比赛定在青岛举行，青岛国际帆船中心位于市中心的“五四广场”附近，海面条件符合技术要求、陆上设施用地充足。

运动员住在奥运分村内一四星级的颐中假日酒店或五星级的丽晶大酒店内，距比赛场地不超过2公里，行车时间不超过5分钟。

②足球预赛

为了更广泛地推进奥林匹克运动的传播，调动其他城市对奥运会的热情，国际奥委会要求部分足球预赛在举办城市以外举行。北京选择了天津、秦皇岛、沈阳、上海等四个城市举办足球预赛：

城市	天津	秦皇岛	沈阳	上海
比赛场馆	天津体育场	秦皇岛体育场	沈阳五里河体育场	上海体育场
场馆建设情况	新建	新建	现有	现有
奥运分村	水晶宫酒店	秦皇岛海洋国际度假村	华阳酒店	富豪东亚酒店
星级	4星	3星（正在申请5星）	5星	4星
距比赛场馆距离／行车时间	2公里／<5分钟	3公里／<10分钟	1公里／<5分钟	0公里（同一建筑）

1.2.21　IOC总部饭店 北京饭店

3．《申奥报告》的其他设施布局

（1）国际奥委会（简称IOC）总部饭店

IOC总部饭店是奥运会期间IOC官员、国家奥委会（NOC）、国际单项体育联合会（IF）部分官员的住所，是奥运会的总指挥部。北京的IOC总部安排在北京饭店、贵宾楼饭店、东方广场、王府饭店等五星级饭店内，既可方便地到达各场馆，也可方便地到达中心商业区和市区名胜古迹（图1.2.21）。

（2）裁判村（JV）

北京的各类宾馆数量多、档次全，其中星级饭店392家，因此，裁判村不需新建，而是利用现有的10家星级饭店，包括友谊宾馆、华北酒店、京都信苑宾馆等。

（3）记者饭店

除记者村外，记者还可以选择住在五洲大酒店、香格里拉饭店等20家记者饭店内，这些饭店靠近各比赛场馆，分不同档次供自由选择。

（4）赞助商

赞助商住在中国大饭店等19家饭店内。

4. 《申奥报告》的奥运村规划布局

（1）概况

奥运村是奥运会期间来自世界各地16000名运动员和随队官员居住、休息的区域，是奥运会的最重要的设施之一。北京2008年奥运会的奥运村位于北京中轴线的北部，在风景优美的奥林匹克公园内，占地约80公顷，将依据国际奥委会《奥运村指南》进行规划建设。

（2）选址依据

①符合规划

奥运村所处位置是城市预留建设用地，符合北京城市总体规划及相关的法律法规，有利于城市发展。

②位置适中、与场馆距离较近

奥运村处于奥运会所有比赛场馆和训练场馆的核心位置，其到达比赛和训练场馆的距离最远不超过36公里，时间最长不超过30分钟。其中有53%的场馆可在10分钟内到达，75%的场馆可在20分钟内到达。而到达毗邻奥运村的主要场馆区，行车时间不超过5分钟，步行时间不超过15分钟。

③条件优越

位于城市的上风上水方向，并有很好的自然条件、地质条件和基础设施条件。奥运村的选址在经过环境影响评价后表明，奥运村用地在水质、文物保护、大气、绿化等方面符合奥运村的建设要求。奥运村紧邻森林绿地、中华民族园、体育中心等，绿化环境好，适于运动员居住。

④利于赛后出售

奥运村位于北京的黄金地段，出售前景好（图1.2.22～图1.2.29）。

（3）奥运村的社区特点

①绿色奥运村

北京2008年奥运村将规划建设成符合21世纪世界环境发

1.2.22 住宅屋顶绿化

1.2.23 入口门厅的无障碍设计

1.2.24　庭院

展趋势的、可持续发展的社区典范，以推进北京绿色社区的发展。村内的建筑将采用高效节能保温材料，将充分利用自然通风、自然采光以及太阳能、风能、电能等无污染能源，污水将通过生化技术进行处理，达到100%无害化。同时，村内还将建有先进的中水处理、雨水收集系统，这些水可用来养护绿地。

②人文奥运村

奥运村将会把亲切自然的人文关怀、轻松活泼的生活气息送给每一位运动员，让他们舒适地度过比赛闲暇时光。村内丰富多彩的活动将促进运动员彼此间的文化交流，推进奥林匹克理想的传播，让在奥运村的日子里，成为他们一生中永远难忘的回忆。

③科技奥运村

将运用成熟而先进的科学技术，把奥运村建设成为信息化社区。村内将建立完善的结构化布线系统（包括电话、网络、有线电视等），并实现市内外2G、3G移动通信服务的全覆盖。另外，奥运村还将提供4A级服务，即在任何时间，村民在村内通过计算机、手机、PDA等多种终端都可获取所需的语音、数据与Internet服务，村内设置的多处网吧，运动员可免费上网。

1.2.25　水系夜景

1.2.26 室内

1.2.27　中式风格立面

1.2.28 卫生间

④奥运村的交通

◆外部交通

奥运村与比赛场馆之间的交通主要是利用部分城市快速路、高速公路及其联络线组成的奥运交通环，在此基础上又开辟了奥运专用道，这完全可以保证运动员安全、准点到达。

奥运村的主入口处开辟了奥运村专线到发车站区域，设36个候车区，包括27个项目候车区及主新闻中心、广播电视中心、IOC总部饭店、机场、市中心、旅游景点等候车区。

另外，奥运村入口处还设有4公顷的专用停车场，其中2公顷停放奥运村的车辆，另外2公顷停放重要来访人员车辆。同时，所有进入奥运村的车辆都要进行安全检查。

◆内部交通

奥运村内分为国际区和居住区，其中国际区不安排运输车辆。

居住区内部采用两种交通系统，即机动车系统和步行系统。机动车系统在居住区的中部，采用低噪声、零排放的巴士昼夜循环行驶，而巴士路线、站点间距和车次密度，将由组委会合理安排，以保证运动员步行距离和等候时间不会太长。步行系统遍布村内的各个角落，与机动车系统不产生交叉。另外，奥运村还将提供可租用的小电瓶车，供运动员在村内使用。

⑤奥运村的安全保证

奥运村是一个封闭的社区，是奥运会期间最高安全区域，实行封闭管理。奥运村所有的对外出入口将实行严格的证件查验制度。

奥运村还将配备数量充足的保安人员，同时要建立完善的安保系统，包括社区监控、周界报警、电子巡更、社区公共广播等。而运动员公寓将设置可视对讲、室内防盗报警及消防等系统。奥运村也建立了紧急事件应对系统，以保证保安人员能迅速到达出事地点解决问题。

⑥奥运村的主要设施

◆生活设施

奥运村总建筑面积47万平方米，其中运动员公寓36万平方米（5～6层，一梯两户，设电梯），运动员人均建筑面积22.5平方米。公寓由2200个居住单元组成，共有房间11730个，床位17600个，包括20%的2.2米的加长床和10%的预留床位。其中单人间5860个、双人间5870个。每个居住单元都有客厅、厨房、储藏室、卧室和卫生间。平均2.5人一个卫生间（浴厕分离），2人一个淋浴喷头，24小时供应热水。每个单元还有一套能满足轮椅者使用的卫生间。

奥运村设三个餐厅，两个位于居住区，面积分别为6000平方米和4000平方米，可供6000～7000人同时就餐，一个位于国际区内，面积为4000平方米，可供2000～3000人同时就餐。餐厅内将提供丰富的食品，并对有特殊饮食风俗习惯的运动员提供民族食品。

奥运村内设有齐全多样的商业娱乐设施，总面积6000平方米，包括商店、邮局、银行、洗相室、理发店、美容店、干洗店、影剧院、图书馆、游戏厅、网吧、棋牌室、旅行社等。

奥运村内共有20个社区服务中心分散在居住区内，每个约150～200平方米。中心内设有电视厅、烘干室、接待服务处、咖啡屋、自动饮料机、简易医疗药品及洗衣房等。部分中心还24小时开放。

多科诊所是奥运村内急救系统的重要组成部分，建筑面积约3000平方米，配备最先进的医疗设施及经验丰富的医务人员，24小时服务。居住区内设有2000平方米的宗教用房，根据不同宗教习俗布置。

奥运村内有4个篮球场、4个排球场、4个网球场，以及田径跑道、足球场、游泳池、举重训练室、健身房等训练场地和设施，建筑面积3万平方米。

◆国家奥委会单元（NOC单元）

奥运村共有NOC单元约200个（最终数目将根据2008年参赛队的数量确定），总建筑面积约2万平方米，形式共有5种，其中200人以下的代表团设在公寓底层，其他大的单元单独设置，但总的原则是各国奥委会都将靠近本国运动员的住所。

NOC单元内设置有与运动员公寓连接的内线电话，以方便代表团总部与运动员的联系，同时还免费提供电视机、复印机、传真机等设备。

◆后勤保障设施

奥运村设有后勤管理服务中心、物流集散中心、洗衣服务中心、贮藏中心、消防中心、急救中心、信息中心、安检中心、制证中心、村长室等后勤保障设施，建筑面积1万平方米，以保证奥运村的正常、安全运转。

服务人员用房设在西部餐厅地下室。

◆奥林匹克广场

奥林匹克广场位于中轴线北端，占地约2万平方米，是为运动员举办文化娱乐活动的地方。

升旗广场位于奥林匹克广场的中央，占地约6000平方米，是每个国家代表团到来时举行欢迎仪式的地方。

1.2.29　申办时的奥运村运动员公寓平面图

1.2.30　北京T3航站楼夜景

◆奥运村的赛后利用

居住区：运动员公寓将改为住宅出售。大部分的社区服务中心、独立的NOC单元将改造成居住区的公共服务设施，如居委会、邮局、银行、商店，以及供居民交流的公共空间。西部餐厅将改造为居住区的娱乐休闲中心，而地下贮藏室、服务人员用房将改造为地下停车库。联合诊所改造后将作为小区的幼儿园，而运动健身区将作为社区运动中心。

国际区：国际区的设施全部为临时设施，赛后将拆除并恢复为城市绿地。

⑦残奥村

奥运村在残奥会时将成为残奥村。为满足残疾运动员使用，奥运村内的所有建筑和外部环境将按照国际通行的无障碍设计标准进行建造。由于残奥村的村民只有7000人，因此，村子的尺寸将在东西方向缩小，使运动员活动更方便。

5．《申奥报告》的交通规划

(1)奥运交通总体规划

①规划概况

交通对任何奥运会举办城市都是一个重大的挑战。北京在仔细研究了历届奥运会，尤其是悉尼奥运会成功的经验基础上，在基础设施、交通管理、会议用车、公共交通等方面进行了研究。整个过程从2000年9月开始，到2001年5月结束。参与单位包括北京市规划委员会、北京市城市规划设计研究院、北京市公安交通管理局、北京市交通管理委员会、北京首都国际机场、北京工业大学，还得到了中国民航总局、铁道部的支持。作为奥申委顾问的宝维斯·联德利公司在撰写申办报告和陈述报告阶段也参与了重要意见。

②奥运交通计划的主要目标

a．保证为运动员、奥运会大家庭成员、媒体和贵宾提供准时、安全和舒适的交通服务，并为贵宾提供专用车辆；

b．保证为观众提供安全、高效的奥运公交系统，照顾残疾人的特殊需求。将奥运交通对日常交通的影响降至最低。

③采取的交通策略

a.对外交通和市内交通计划

北京首都国际机场将承担2008年奥运会主要的航空运输任务。目前，该机场拥有62条国际航线，每周飞行468架次。运动员可从世界各主要城市直飞北京。首都机场还拥有85条国内航线，每周飞行3484架次。北京已承诺对首都机场进行进一步扩建，建设第三条跑道和第三座候机楼，可以满足奥运会的需求（图1.2.30）。

举办奥运会，首都机场将为奥林匹克大家庭成员提供专用的地面服务，包括提供绿色通道，为包机提供停机坪，设定专门的迎送区，专用巴士将在机场和各种注册人群的驻地间运行。

北京到其他奥运比赛城市，如上海、天津、沈阳、青岛和秦皇岛，都有国内航线。除秦皇岛外，其他四个城市还有自己的国际机场。这些城市将为奥运参与者提供类似北京的市内交通服务。北京承诺在特殊情况下，将为IOC成员和其他持卡人员提供北京到青岛的专机。

b. 场馆间的交通计划

为保证场馆间交通的准时、可靠，北京为奥运车辆开辟优先的道路系统，称为"奥林匹克交通环"。它由四环路和五环路及若干放射线连接组成，85%的比赛场馆在这一道路系统附近。即使是不在"奥林匹克交通环"的场馆，也将至少备有两条道路同"奥林匹克交通环"相连。这些道路中将为奥运车辆开辟专用车道，行车速度不低于每小时60公里（图1.2.31）。

从运动员村出发，36条供运动员和教练员乘坐的公交线路可到达各比赛场馆、训练中心、市中心及旅游点，其中53%的比赛场馆可在10分钟之内到达，75%的场馆可在20分钟内到达，30分钟内可到达所有场馆。为确保准时到达，必要时可使用警车带道。

c. 交通服务

北京将为运动员、国际奥委会成员、国际单项体育联合会委员、各国奥委会成员、媒体等人员提供带司机的专车。我们初步估算须提供的车辆和分派情况见下表：

团体	小轿车	面包车	客车	公共汽车
国际奥委会、国际单项体育联合会和各国奥委会官员	2400			
运动员		320	256	
裁判员		200		
贵宾	2200			
赞助商		180	104	
媒体		340	272	
观众、志愿者和工作人员				1458
总计	4600	1040	632	1458

1.2.31　北京地铁5号线

北京承诺提供的所有车辆都将使用清洁燃料，并配备有经验的、会讲英语、配有移动电话的当地司机。2名司机将为指派车辆提供24小时服务。北京还将为媒体提供24小时的空调大巴服务。

持卡人员还可以选择免费乘坐公交车辆。另外，奥运会组委会将为奥运大家庭成员、媒体和其他人员提供车辆租赁服务。

北京将承担《城市合同》所要求的交通费用，并提供专业的国际货运公司承担体育器材、马匹和船只的运输。在如帆船和马术等一些特殊项目上，北京将提供费用补助。

d. 观众的交通

在城市间出行的观众可选择航空、公共交通和铁路等运输方式。观众在市内的出行主要依靠公共交通和自行车到达比赛场馆。乘坐地铁可到达80%的比赛场馆，而公共汽车则可到达所有场馆。比赛期间，组委会还将设置16条公交专线到达各比赛场馆，并在方便的地点设置自行车停车场。持当天入场券的观众可免费乘坐公交车辆。估计在45分钟内，市区范围的绝大多数观众都可到达比赛场馆。

在指定的公交站和地铁站，为残疾人设置了无障碍设施，并配备了相应的公交车辆。

④基础设施

北京向国际奥委会提供的交通基础设施规划都将在2008年前完成。该规划包括修建100公里的高速公路（五环路及联系道路），142公里的地铁线路和轻轨（包括：八通线、春颐线、机场支线、北郊城市铁路、地铁5号线、地铁4号线），以及一系列的城市主干道。该计划已列入"北京市国民经济和社会发展第十个五年计划"，目前部分项目已在实施过程中。所有项目的建设不依赖于2008年奥运会申办的成功与否。如果举办奥运会，北京将建设5公里长的奥林匹克地铁（规划10号线和规划8号线的一部分，直通奥林匹克公园）。

⑤交通管理

北京将成立两个交通部门。其一是奥运交通协调组，这是一个决策机构，由与交通相关的政府部门的官员组成，用来协调奥运交通与城市日常交通相关的事务。奥运会组委会还将成立交通部，专门负责奥运交通规划、车辆分配、需求统计和运营。

为提高交通运营的效率，北京将采用一系列高科技手段用于交通控制和管理。目前，在GPS基础上建立了智能交通指挥中心。2008年以前，北京将为奥运车辆提供智能交通

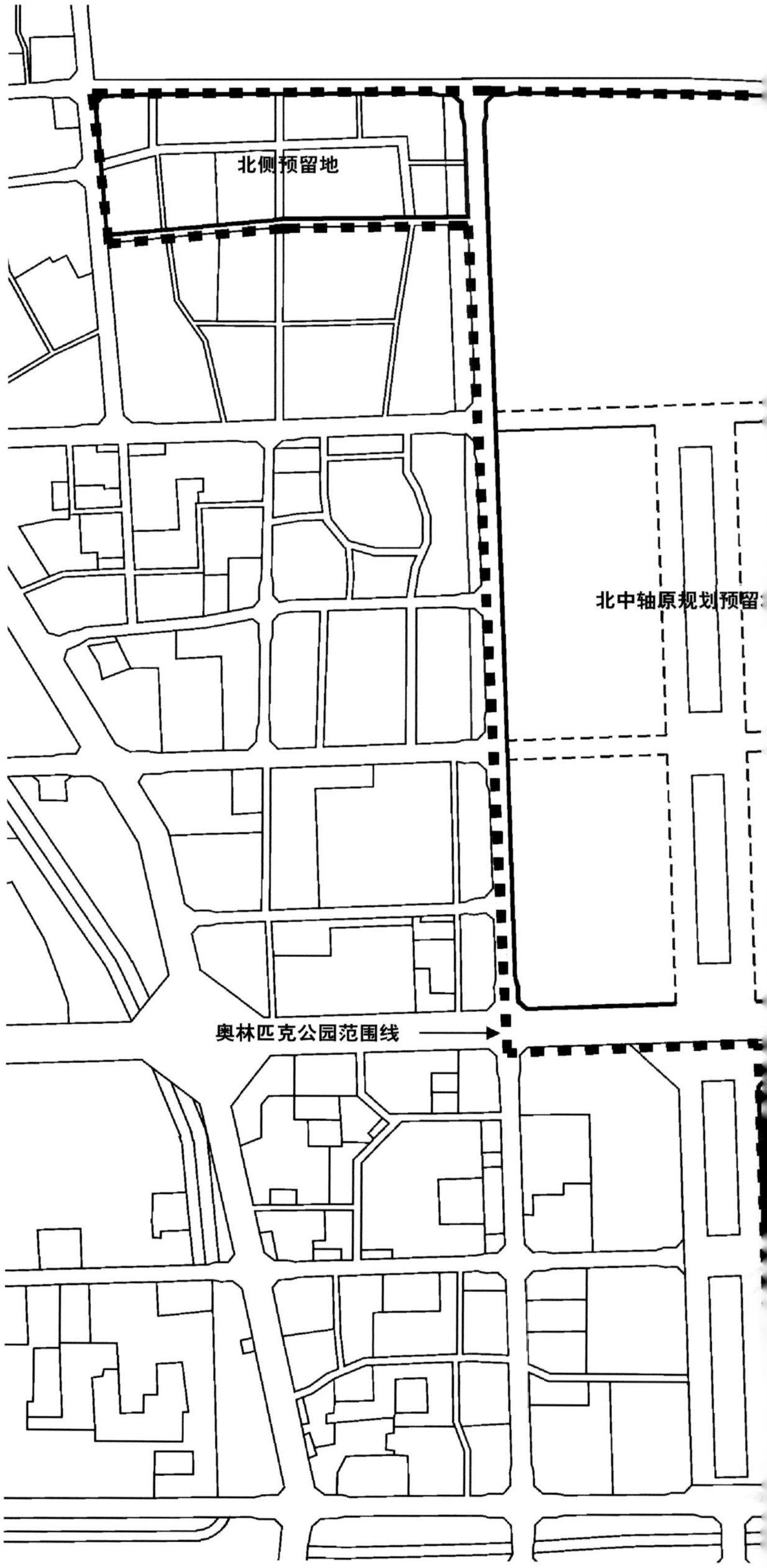

1.2.32 奥林匹克公园周边路网

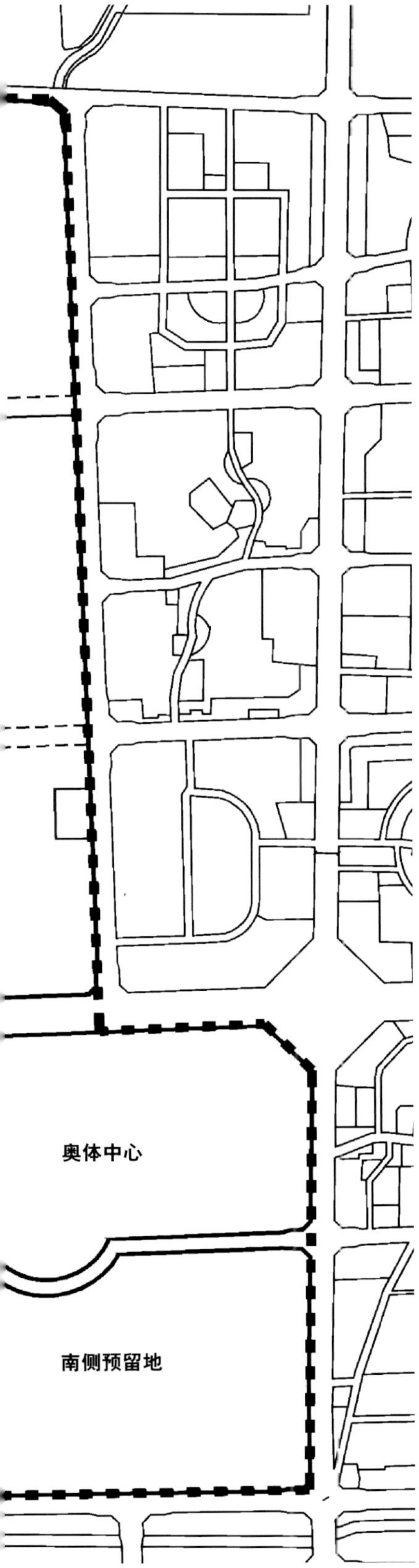

信号控制、实时导航和绿波控制服务。

(2)奥林匹克公园交通规划

① 奥林匹克公园交通条件

a. 道路

在北京市规委的协调和组织下，经过北京市建筑设计研究院、北京市城市规划设计研究院、北京市市政设计院的通力合作，经多方案比较，初步确定了奥林匹克公园周边地区的路网方案。该方案的特点是成府路、中轴路以及大屯路在中心区范围内下穿，奥运公园用地完整，有利于建筑物的安排，有利于中心广场形成气氛。奥运期间，奥林匹克公园形成一个独立的场所，安全且便于管理；非奥运期间，车辆地上、地下分层行驶，车流上下分离，环路和相交道路路口为立交，提高了道路的通行能力。但由于道路为隧道式，相对工程造价和运营成本较高（图1.2.32）。

b. 地铁

如果北京获得2008年奥运会主办权，北京将建设5公里的“奥林匹克地铁”，与地铁5号线在三环路以北相交，在奥运中心区地下三层通过（标高负13米）。根据北京市规划院和北京市市政设计院估算，该地铁奥运会期间高峰小时运量达到40000人／小时，是解决中心区观众交通的主要方式。

② 奥林匹克公园的交通挑战

国际奥委会在《申办城市手册》中谈到交通问题时指出：“成功举办奥运会的关键因素是要有一个有效的交通系统。”奥林匹克公园交通主要面对的问题是：

a.出行需求复杂：

人员构成		人数	车辆配置
奥林匹克大家庭成员	IOC、IF、NOC官员	2400	专用小轿车 ＋ 小巴 ＋ 免费乘坐公共交通
	超编官员	700	小巴＋大巴 ＋ 免费乘坐公共交通
	运动员	16000	专用小巴＋空调大巴 ＋ 免费乘坐公共交通
	裁判员	2000	专用小巴＋空调大巴 ＋ 免费乘坐公共交通
贵宾和赞助商	贵宾	2200	专用轿车 ＋ 租用车辆
	赞助商	7000	专用大巴 ＋ 租用车辆
媒体	记者	17000	24小时大巴 ＋ 租用车辆 ＋ 免费乘坐公共交通
观众		350000	专线巴士 ＋ 免费乘坐公共交通

此外，奥运会组委会、后勤工作人员和志愿者的交通也是要考虑的重要因素。各种人群都要适当分离，不能相互混杂。

b．人多量大

奥林匹克公园集中了14个场馆，还包括许多重要设施。园内总观众座位数达263900座，开、闭幕式等重要的庆典活动也将在这里举行，根据比赛日程测算，第九天的观众人数最高，将近50万人。解决好奥林匹克公园的交通，是整个奥运会交通计划的关键。

c．远期平日和奥运会期间相结合。

地铁、路网等交通基础设施主要立足远期平日利用，奥运会期间采取特殊交通政策和临时改造道路。奥运会期间的交通组织必须和安全保卫紧密结合，所有进入安全区域的人、车都须经过安检。

d．既要满足奥运会大量集中的交通需求，还要将对城市日常交通的干扰降至最小。

③ 奥林匹克公园的交通组织

a．车辆配置

由于奥运会交通需求的大量性、集中性的特征，奥运会交通需要突出公共交通战略。

b．奥林匹克公园内的外部交通条件和交通疏导环路

为了减少奥运交通对正常交通的干扰和缓解中心区交通压力，需要开辟环路，对通过中心区的交通进行分流。这个环路由八达岭高速路、五环路、安立路、四环路、北土城路、北辰西路组成。远期平日，长距离出行的车辆将通过这些道路到达奥林匹克公园。奥运会期间，这些道路围合的区域将被封闭，只有和奥运相关车辆才可进入，当地居住的居民也将凭证进入。

c．奥运车辆专用环路

奥运车辆专用环路是围绕着奥运中心区、在安全控制线以内设定的一条专用单向道路。环路外侧设置栅栏，栅栏以内为安全控制区。这条道路上可供运动员车辆、官员和贵宾专车行驶，并有可分别供媒体、赞助商、组委会工作人员、后勤工作人员、志愿者乘坐的班车沿环线不停循环。

场馆前有为各种人群分类设置的上下车站。各种人群相互区分、没有干扰。

d．观众巴士到发站

奥运会期间，观众将不允许驾驶私人车辆到达奥林匹克中心区。估计奥运专线巴士将负担30％～40％的观众疏散。围绕着中心区，设置了4个观众巴士到发站，观众下车后通过安检口，步行到达场馆。

为了方便残疾人观赛，我们还在安全控制区内，平行于奥运车辆专用环路，开设了一条观众环线。这条环线将观众巴士车站连接起来。

e．公园内的停车

平日，在中心广场地下二层布置了总共容纳10000辆车的两个地下车库，车库和中轴路、成府路、大屯路连通。奥运会期间，仅作为少量巴士停泊待命和贵宾专车停泊使用。

地面配有专用停车场，供奥林匹克大家庭成员、媒体使用。运动员、裁判员以及贵宾分别在各自的下车站下车后，他们的车辆将在停车场等候，比赛结束后，迅速将他们运送到各自住宿地点。

安全控制区外侧，均设有自行车车道。奥运期间自行车在环路外侧行驶，不可进入中心区，自行车在安全控制区外的道路上开辟的临时停车场停车。

f．公园内的步行交通系统

观众需从城市各个不同地点换乘奥运观众巴士到达公园外侧，通过天桥步行到达公园内各个比赛场馆。

奥运期间，各种人员将划分有不同的活动区。观众的活动区集中在中心广场。四环路以北场区和四环路以南场区将通过跨越四环路的步行天桥连接。奥运期间，在各比赛场馆周围将布置大量临时围栏，引导观众在广场上迂回行走，组织人流有秩序疏散，避免赛场人员同时涌入公交站台和地铁车站。我们初步确定的目标是，在比赛的高峰日，观众赛场的疏散时间将不大于120分钟。

（三）调整与“瘦身”：最终布局

1．概述

奥运会是当今世界范围内影响力最大、规格最高的综合性赛事，在场馆的建设和赛后利用上也积累了大量的经验和教训。2001年国际奥委会新任主席罗格曾强调，他的目标之一就是削减奥运会的费用、规模和复杂度，更要防止奥运会膨胀和巨人化。为此，国际奥委会专门成立了委员会，研究如何削减奥运会的规模及费用，并于2003年提出了117条建议给国际奥委会，其中33条已在2004年雅典奥运会实施，2006年都灵冬奥会实施99条。建议中有相当内容是要求场馆的：优先使用已有体育场馆，更多地采用临时建筑，兴建新场馆的前提是奥运会后主办城市仍需要这些设施；多采用集中修建场馆的方式，这样比分散修建更为经济；罗格尤其强调

“节俭是原则，而非目的”。尽管中国万人拥有的场馆数目仅为5个左右，与欧洲的25个／万人相比有较大差距，但奥运规划仍要在规模上“瘦身减肥”。

建设节约型社会，抓好奥运场馆建筑“瘦身”，不单纯是节地、节能、节杈节水，更要在发展模式和建设模式上具有一个根本性转变。北京在筹办参加2008年奥运会的过程中，奥运会场馆及其公共设施建设的投入得当，分配得当，以不给政府财政造成透支为原则。于是2008年北京奥运会采取的是政府主导下的市场运行方式，北京奥运场馆建设也建立了社会化的投融资机制，社会投资占了投资总额的1/2以上，避免会后产生体育场馆过剩和不能充分利用等问题，北京奥运场馆布局上，也尽量利用和改建现有的场馆使其升级换代，从而全方位地落实“瘦身”计划。

2004年10月12日国际奥委会协调委员会维尔布鲁根指出，“节俭办奥运”是北京奥组委，也是国际奥委会一致的目标，大而无用的工程对我们是无意义的。为此北京奥组委提出“安全、质量、工期、功能、成本”五个统一，各场馆均进行了反复论证，节约了资金。在《北京奥运场馆规划》中提出了场馆建设的原则，即场馆的规划设计，既要有利于奥运体育比赛，又要充分考虑赛后使用，坚持勤俭节约，力戒奢华浪费，创造出体育建筑精品和场馆规划上的“一个中心，三个区域”的布局。除充分利用现有设施外，还充分考虑了城市现状及市民需求。

据统计，北京2008年奥运会31个场馆建设工程顺利进行，截止到2007年3月13日正进行混凝土结构施工的国家体育场“鸟巢”工程经过相关论证及结构优化调整，总投资预算从最初的38亿元人民币减少到31.3亿元人民币，为奥运场馆建设节省了6.7亿元人民币。与悉尼奥运会的场馆建设投资相比，北京奥运场馆的投资更低，预计总投入在205亿人民币。在2008年奥运会的前五年，对十几年基础设施投入1800亿元人民币。其中，900亿元用于修建地铁、高速路，450亿元用于环境治理且改善城市绿化及城市用水，300亿元用于信息化建设，150亿元用于改善并提高城市生命线系统的水、电、气设施等。

如国家体育场、国家体育馆、五棵松文化体育中心等场馆的方案调整，有些甚至做了根本性的修改。国家体育场经中方设计师的一系列优化措施，屋盖用钢量比原初步设计节省了1．2万吨。五棵松篮球馆取消了120m×120m大空间上部的多层商业设施，总建筑面积由11.7万平方米减至6.5万平方米。农大的体育馆坐席也减少了2000座，面积减少了3000平方米。在赛后利用上—大部分场馆安排在大学区（由三所大学增加到六所），一部分设在体育设施比较少的地区，方便大学和居民区的健身体育活动。临时场馆由4处增加到8处，都表现了主办者的努力。而在场馆使用功能上也努力提供多功能的服务内容，使体育、娱乐、商业、文化、比赛、休闲等集于一体。外国传媒对此十分敏感，英国《每日电讯报》就评论：“中国官员决心不再重复其他奥运会主办城市铺张浪费的现象”。

2.奥运会场馆设施最终布局

奥运会申办成功后，北京奥组委会同北京市规划设计部门着手进行了场馆设施布局的调整和完善工作，形成了奥运会筹办期间的最终布局方案。

(1)比赛场馆规划布局　目标策略

各项设施的建设应充分满足比赛要求，为成功举办2008北京奥运会创造良好条件。各项设施建设与城市发展相结合，在满足奥运会赛事要求的基础上更好地为广大城市居民服务。各项设施建设充分体现“绿色奥运、人文奥运、科技奥运”的理念，为全国树立可持续与和谐发展的典范。

贯彻节约办奥运原则，场馆新建与改扩建相结合，充分利用现有场馆资源。

贯彻节约资源、生态保护原则，场馆建设与改建充分体现节水、节能、节材，为节水型、节能型城市建设树立典范。

场馆的建设和改造扩建应与其周边地区环境治理相结合，改善赛场周边环境，为奥运赛事创造良好的环境。

场馆建设和改造与赛后利用相结合，为广泛开展国内外体育交流和群众性文化体育活动创造条件。

场馆建设充分考虑残疾人奥运会及残疾人使用的需要，实施和完善无障碍设计，为实现残疾人奥运会“平等、参与、共享”的目标创造条件。

（2）京内比赛场馆规划布局

2008北京奥运会共进行28个比赛项目，其中在北京进行27个，共需要新建和改扩建比赛场馆31个。新建和改扩建场馆总面积约为105万平方米，总坐席数51.35万个（包括永久坐席和临时坐席）。

北京2008奥运会京内比赛场馆一览表（2008年5月）　　表1.2.1

	序号	场馆名称	运动项目	建设类型	项目简要描述	座位数
奥林匹克公园	1	国家体育场	田径、足球、开闭幕式	新建	建筑面积约25.8万平方米。奥运会主体育场，附2块赛前热身场。赛后将用于国际国内田径比赛、足球比赛，可提供运动、休闲、健身和商业等综合性服务，成为北京最大的文体休闲娱乐场所	91000
奥林匹克公园	2	国家体育馆	体操、手球决赛、蹦床	新建	规划建筑规模8.04万平方米。附馆为赛前热身馆。赛后将用于包括高级别赛事活动在内的各种大型活动和全民健身，也可用于文艺演出、展览、公众娱乐	18000
奥林匹克公园	3	国家游泳中心	游泳、跳水、水球、花样游泳	新建	规划赛时建筑面积7.95万平方米。奥运会后将作为多功能的大型水上运动中心，能为公众提供水上娱乐、运动、休闲、健身等服务	17000
奥林匹克公园	4	国家会议中心击剑馆	击剑、现代五项（击剑及气手枪）	临建	位于会议中心内，规划建筑面积5.62万平方米。为临时设施，赛后恢复成会议中心	击剑6000席，现代五项2000坐席
奥林匹克公园	5	森林公园射箭场	射箭	临建	训练场地同比赛场地，赛后将被拆除。	总坐席5000
奥林匹克公园	6	森林公园网球场	网球	临建	将用于比赛、训练，规划建筑面积约2.84万平方米	中心场地10000坐席，2号场地4000坐席，3号场地2000坐席，其余4～10号场地各200坐席
奥林匹克公园	7	森林公园曲棍球场	曲棍球	临建	规划建筑面积约1.7万平方米。赛后将部分拆除，部分保留，用于比赛、训练	两块场地的坐席分别为12000座和5000座
奥林匹克公园	8	奥体中心体育场	足球、现代五项	改扩建	规划建筑面积37000平方米。练习场作为奥运足球项目的训练场之一。在原有座位数上增加到4万座。赛后将作为国家队训练基地，用于高级别体育赛事及演出、集会、展览等大型商业活动，对群众开放，用于全民健身	40000
奥林匹克公园	9	奥体中心体育馆	手球	改扩建	规划建筑面积约4.74万平方米。附馆设2块赛前热身场。赛后将作为国家队训练基地，用于高级别体育赛事及演出、集会、展览等大型商业活动，对群众开放，用于全民健身	7000
奥林匹克公园	10	英东游泳馆	水球、现代五项	改扩建	规划建筑面积4.30万平方米。赛后将用作国内各类水上项目比赛；作为国家队和地方队的训练场所；为北京市民提供一个全民健身场所；也可用于其他商业用途	6000

续表

	序号	场馆名称	运动项目	建设类型	项目简要描述	座位数
西部社区	11	北京射击场飞碟靶场	射击（飞碟）	改扩建	规划建筑面积6000平方米。位于石景山区。训练场地同比赛场地。赛后将作为国家队训练场地；组织各种国际国内比赛；向群众开放，推广群众射击运动。	5100（含临时）
	12	北京射击馆	射击	新建	规划建筑面积4.56万平方米。训练场地同比赛场地。赛后将作为国家队训练场地；组织各种国际国内比赛；向公众开放，成为推广公众射击体育运动基地及宣传奥林匹克精神的射击运动博物馆等	总坐席数9000；预赛馆6500坐席，决赛馆2500座
	13	老山自行车馆	自行车（场地）	新建	规划建筑面积3.29万平方米。训练场地同比赛场地。赛后为国家自行车队的训练基地，可用于国际国内自行车场地赛事，同时可对市民开放，推广全民健身	6000
	14	老山山地自行车场	自行车（山地）	改扩建	规划建筑面积8500平方米。训练场地同比赛场地。赛后为国家自行车队的训练基地，可用于国际国内自行车场地赛事。赛时服务楼赛后将分别作为自行车和击剑中心的行政办公楼（或经营写字楼）和老山驾校教学和服务用房	总坐席1000（另30000站席）
	15	城区自行车公路赛场	自行车（公路）	临建	个人计时赛在八达岭高速居庸关段。赛后临建将被拆除，恢复城市公路功能	总坐席数3000
	16	北京奥林匹克篮球馆	篮球	新建	位于五棵松文化体育中心内，规划建筑面积6.3万平方米。附2块赛前热身场。赛后可用作大型体育比赛、大型文艺表演、小型比赛、体育健身（主要以球类运动为主）、体育培训等。赛时部分安保用房和机动用房将改建为一个大型健身俱乐部	18000（含临时）
	17	五棵松棒球场	棒球	临建	规划建设规模1.2万平方米；两块训练场地之一将设3000临时坐席作为比赛备用场地。赛后将被拆除	主场12000坐席，一块训练场地设3000临时座席
	18	丰台垒球场	垒球	改扩建	规划建筑面积8400平方米。包括1块比赛场和2块训练场 。1块场地设3000～3500临时座席作为比赛备用场地。赛后改建为综合性群众体育设施，包括网球馆、网球场、篮球场、棒球场、射击场和足球练习场等	比赛场地10000坐席，一块训练场地设3000～3500临时坐席
	19	小轮自行车场	小轮自行车	临建	赛后将被拆除	总坐席数3000

续表

	序号	场馆名称	运动项目	建设类型	项目简要描述	座位数
北部风景旅游区	20	顺义奥林匹克水上公园	赛艇、皮划艇	新建	规划建设规模20000平方米。设有训练航道。赛后可用于国际、国内体育比赛、训练以及大众体育和娱乐活动。赛后作为对群众开放的社会公益设施和可供群众参观的奥运遗产；充分利用赛时场地，建成一个以环保、健康为主题的水上综合运动和娱乐中心	静水赛道坐席14000，激流场地坐席12000
	21	昌平铁人三项赛场	铁人三项	临建	赛后将被拆除	10000
大学区	22	北京航空航天大学体育馆	举重	改扩建	规划建筑面积20000平方米。可安排体育比赛、文艺演出及大型会议等活动。日常对校内及社会开放	6000
	23	北京大学体育馆	乒乓球	新建	规划建筑面积2.69万平方米。赛后可举办乒乓球、手球、篮球、羽毛球、排球等比赛，也可供专业运动员训练及大学生上体育课，同时还可作为举办大型学生集会和文化表演的场地	8000
	24	中国农业大学体育馆	摔跤	新建	规划建筑面积2.56万平方米。赛后作为学校的体育设施加以利用，也可用于集会和演出	8000
	25	北京科技大学体育馆	柔道、跆拳道	新建	规划建筑面积2.40万平方米。赛后成为学生健身活动中心，同时满足学校教学、训练、比赛、会议及多功能文艺演出等要求	8000（含临时）
	26	首都体育馆	排球	改扩建	规划建筑面积5.3万平方米。附属1号、2号场地为赛前热身场，3号为训练场。赛后将作为国家冰上项目训练比赛场馆，同时还将承办国内外相应级别的排球、篮球、羽毛球、体操等比赛，并全面向社会开放，为全民健身提供活动场所	18000
	27	北京理工大学体育馆	排球	改扩建	规划建筑面积2万平方米。赛后作为学校体育教学设施，也可用于集会和演出。	5000
东部	28	北京工业大学体育馆	羽毛球、艺术体操	新建	规划建筑面积2万平方米。训练场地同比赛场地。赛后作为师生文体活动中心。国际羽联和国家体育总局羽毛球队训练基地，同时对社会适度开放	7500
	29	工人体育场	足球	改扩建	现有体育场将进行改造翻新，建设规模为8万平方米。练习场作为奥运会足球训练场地之一。体育场的观看区、餐饮接待区和后勤区在奥运会后可广泛用于体育赛事、非体育活动和音乐会、展览和大型表演等商业用途。	64000

续表

	序号	场馆名称	运动项目	建设类型	项目简要描述	座位数
东部	30	工人体育馆	拳击	改扩建	现有体育馆将进行改造翻新，建设规模为4.8万平方米。体育场的观看区、餐饮接待区和后勤区在奥运会后可广泛用于体育赛事、非体育活动和音乐会、展览和大型表演等商业用途	13000
	31	朝阳公园沙滩排球场	沙滩排球	临建	一块比赛场地，热身场地2块，训练场地6块。赛后将被拆除	14000

资料来源：北京奥组委体育部

(3)京外比赛场馆

北京2008年奥运会共有三个项目使用京外的比赛场馆，详见表1.2.2。分别是青岛的帆船，香港的马术，上海、沈阳、秦皇岛和天津的足球预赛。

北京2008奥运会京外比赛场馆一览表　　表1.2.2

	场馆名称	运动项目	建设类型	项目简要描述	座位数
1	青岛奥林匹克帆船中心	帆船	新建	项目总占地面积450873平方米，分陆域和水域部分，其中陆域部分包括：奥运村、运动员中心、媒体中心、后勤保障中心、行政管理中心；水工工程包括：测量大厅码头、奥运纪念墙码头、主防波堤、次深防波堤、帆船下水坡道、护岸等	观众船坐席数约400人
2	香港奥运马术比赛场	马术	改扩建	现有的香港体育学院和潘福公园将改造为沙田主赛场，举行盛装舞步和障碍赛，双鱼河乡村俱乐部和香港高尔夫俱乐部的部分地区将用作越野赛道。赛后用于赛马、马术及其他体育活动；恢复乡村高尔夫俱乐部的活动	每个场地可容纳人数分别为18624，18000
3	上海体育场	足球预赛	改扩建	现有场地将进行翻新和改扩建，2块练习场将作为奥运足球训练场。赛后将用于足球和其他体育、文艺活动	80000
4	沈阳奥林匹克体育中心体育场	足球预赛	新建	规划建筑面积253772平方米。2块练习场将作为足球训练场。赛后将用于足球和其他体育活动	60000
5	天津奥林匹克中心体育场	足球预赛	新建	规划建筑面积15.8万平方米。附1块练习场。赛后将用于国际、国内足球和其他体育比赛、文化和娱乐活动	33672
6	秦皇岛奥林匹克体育中心体育场	足球预赛	新建	竣工建筑面积55.7万平方米。附2块练习场。赛后将用于大型足球赛事及其他体育文化娱乐活动	60000

3.与申办阶段相比比赛场馆的布局变化

申办阶段共有28个比赛项目、使用37个比赛场馆，其中27个项目、32个比赛场馆在北京。筹办阶段将马术项目调整到香港，因此北京共有26个项目、使用31个比赛场馆。

(1)奥林匹克公园比赛场馆变化

申办阶段奥林匹克公园内安排14个比赛场馆，筹办阶段减少到10个。

申办阶段	筹办阶段	调整结果
公园内要建设中国国际展览中心，因此可以提供四个比赛场馆	中国国际展览中心选址在顺义区机场附近建设，奥林匹克公园内相应只建设一个国际会议中心，只能提供一个比赛场馆	减少3个比赛场馆
奥林匹克体育中心的垒球场用于垒球比赛	垒球比赛转移到丰台体育中心	减少1个比赛场馆

(2)西部社区比赛场馆变化

筹办阶段将丰台棒球场改为垒球场，棒球比赛全部安排在五棵松棒球场，但没有影响场馆个数，因此西部社区的比赛场馆总数就从8个增加到9个。

申办阶段	筹办阶段	调整结果
垒球比赛在奥林匹克公园，棒球比赛在丰台垒球中心和五棵松棒球场	丰台棒球场改为垒球场、棒球比赛全部安排在五棵松棒球场	比赛场馆数量不变
奥林匹克体育中心的垒球场用于垒球比赛	由于自行车比赛增加了小轮车项目，因此老山自行车中心增建小轮车比赛场地	增加1个比赛场馆

(3)大学区比赛场馆变化

申办阶段大学区的比赛场馆为4个，筹办阶段增加到5个。

申办阶段	筹办阶段	调整结果
利用北京航空航天大学体育馆和首都体育馆，计划建设北京体育大学体育馆和首都体育学院体育馆	申办阶段使用现状的两个场馆保持不变，但因计划修建的两所体育大学体育馆没能建设，所以改为利用北京大学、中国农业大学和北京理工大学3所大学新近建成的体育馆	增加1个比赛场馆
奥林匹克体育中心的垒球场用于垒球比赛	由于自行车比赛增加了小轮车项目，因此老山自行车中心增建小轮车比赛场地	增加1个比赛场馆

(4) 北部风景旅游区比赛场馆变化

申办阶段北部风景旅游区的比赛场馆为2个，筹办阶段仍然为2个。

申办阶段	筹办阶段	调整结果
马术比赛利用顺义赛马场	马术调整到香港举行，铁人三项调整到昌平举行	比赛场馆数量不变

(5) 东部社区比赛场馆变化

申办阶段因为东部社区的比赛场馆为4个，筹办阶段仍然为4个。

申办阶段	筹办阶段	调整结果
城市东部场馆比较分散，所以将以上区域之外的4个场馆全部汇总到“其他”类	沙滩排球由天安门广场调整到朝阳公园，铁人三项由天安门广场、北海等地调整到昌平	形成东部社区，减少1个比赛场馆
	利用新近建成的北京工业大学体育馆	形成东部社区，增加1个比赛场馆

（6）京外比赛场馆变化

申办阶段京外比赛场馆为5个，筹办阶段变为6个。

申办阶段	筹办阶段	调查结果
马术比赛利用顺义赛马场	马术调整到香港举行	增加1个比赛场馆

4.独立训练场馆

2008北京奥运会需改造41个独立训练场馆，其中室内训练场馆28个，室外训练场地13个。见表1.2.3。

训练场馆一览表　　表1.2.3

	场馆名称	训练项目	场馆建设情况
1	朝阳体育中心田径场	田径	现有
2	石景山体育馆	篮球	现有
3	北京语言大学体育馆	篮球	现有
4	首钢篮球中心	篮球	现有
5	清华大学体育馆	篮球	现有
6	地坛体育馆	拳击	现有
7	北京联合大学体育场	足球	现有
8	奥体中心体育场练习场	足球	现有
9	北京体育大学田径场A（长投）	足球	现有
10	工人体育场练习场	足球	现有
11	首都体育师范学院田径场	足球	现有
12	月坛综合训练馆	手球	现有
13	光彩体育馆	手球	现有
14	奥体中心体育馆附馆1号、2号	手球	现有
15	奥体中心体育馆附馆3号	手球	现有
16	首都体育师范学院大学生体育馆	跆拳道、柔道	现有
17	清华大学游泳跳水馆	跳水、水球	现有
18	木樨园游泳馆	游泳，跳水，花样游泳	现有
19	二十一世纪游泳馆	游泳	现有
20	北京八中游泳馆	游泳	现有
21	中国人民大学游泳馆	游泳	现有
22	首都体育师范学院游泳馆	水球	现有
23	朝阳体育馆	羽毛球	现有
24	月坛体育馆	羽毛球	现有

三、筹办阶段奥林匹克公园方案

（一）北京国际展览体育中心（即奥林匹克公园）规划设计方案征集

1999年北京市政府将奥林匹克公园项目名称定义为“北京国际展览体育中心”。2000年3月初，北京市规划委员会发布了“北京国际展览体育中心规划设计方案征集”的公告，共有50多家国内外大型设计单位报名参加，最后来自7个国家和地区的23家设计单位提交了16个规划设计方案。经过评审专家委员会的5轮投票，选出了12个入围方案，其中一等奖空缺，获得二等奖的设计单位是RTKL Associates Inc.（美国）/北京市建筑设计研究院，北京市建筑设计研究院。获得三等奖的设计单位是北京市市政工程设计研究院、北京清华城市规划设计研究院/清华大学建筑设计研究院、Jourdan & Muller. PAS（德国）。

评审委员会认为，该区域规划设计方案的评审应注重的内容包括：功能布局应充分满足奥运会的要求，并重视城市长远有机的生长，有利于城市的长远发展；要体现生态、环保的概念；交通系统及交通组织规划应有利于赛期和赛后的使用，重视公共交通系统的建设；空间形态应体现北京城市特色，强调中轴线的特殊意义；应具有较强的分期建设与市场化融资运作的可操作性。

2000年8月，方案征集工作完成后，北京市规划委员会又组织相关单位对该区域的规划设计方案进行综合，形成了最终的申办方案。

奥林匹克公园占地1215公顷（申奥成功后对公园范围进行了重新核定，为1159公顷），包括洼里森林公园、中心区、民族大道、国家奥林匹克体育中心及中华民族园。中心区总建筑面积169万平方米，将建设比赛场馆、大型会展中心、超高层的多功能大厦、大型购物中心等设施，赛后将成为北京市最具吸引力的公共活动中心之一。

2.3.1　奥林匹克公园方案模拟视图

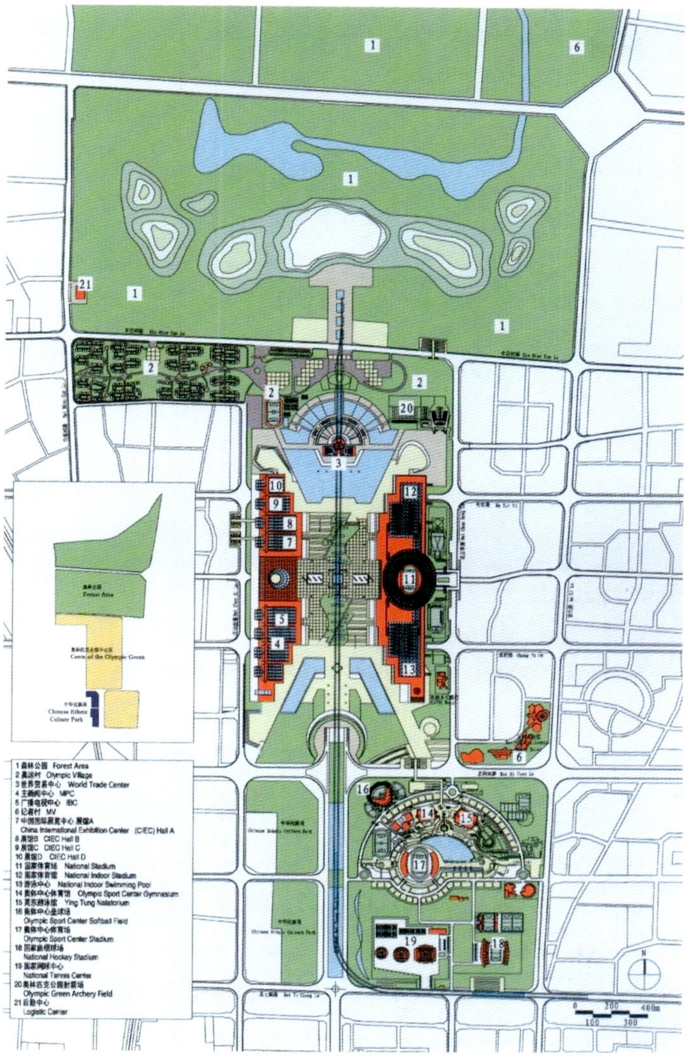

2.3.2 奥林匹克公园总体规划方案

（二）奥林匹克公园总体规划方案征集

2002年3月～7月，在北京市政府和第29届奥运会组织委员会的授权下，由北京市规划委员会组织，面向国内外公开征集奥林匹克公园总体规划方案。这次活动是北京申办奥运成功以来的第一次大型的规划设计方案征集活动，向全世界明确了北京市筹办奥运会的开放态度。征集活动受到了世界各国规划设计团体的热情关注，共有十几个国家和地区的100多家设计单位参与，最终提交了50多个方案，是北京地区规模最大的方案征集活动。竞赛评审委员会最终评选出一等奖1名，是美国Sasaki Associates，Inc与天津华汇工程建筑设计公司合作的方案；二等奖2名，分别是北京市城市规划设计研究院与澳大利亚Dem Aust有限公司合作的方案、日本株式会社佐藤综合计画的方案；另外还评选出优秀奖5名。最终北京市规划委员会决定，在一等奖方案的基础上进行奥林匹克公园实施方案的深化完善。

该方案的设计目标在于：寻求和谐性与综合性的并存，追求诗的意境又兼顾实用性，追求东方文化与西方文化、古典与现实、发展与自然、周边已存在的建筑物和周边环境与奥林匹克公园之间的和谐。

该方案借鉴旧北京城景观设计理念和传统规划手法，在轴线北端融入山水自然，由一气呵成的水系贯穿整个公园，在中轴线的东侧和北部形成湖泊，与旧城水系相呼应，使整个城市中轴线成为一个有机的整体。

规划中注重中轴线的历史和文化的延续性，强调公众性和景观主导性，并预留再创造余地。在北部森林公园内造湖堆山，成为轴线的背景，使中轴线融入自然山水中。中轴线在中心区内空间形态独特，以体育、文化、会展、商业四大主要功能为布局框架，位列中轴线两侧，在建筑完整明确的边界之间，形成三种完全不同的空间和景观：西侧是厚实整齐的林荫道，东侧是自由舒展的水系绿化，中间是独特的中轴线空间序列。中心区延续了北京平缓开阔的城市空间形态，形成外高内低、外密内疏的空间格局。

该方案充分考虑北京的水源条件、气候特点以及四季景观的需求，充分利用已经形成的绿化及水面，引入水系，形成贯穿整个公园的景观湖面，在扩大水面的同时考虑营造人工湿地，使未来的奥林匹克公园成为生态、环保设计的典范。保留、保护公园内的历史遗存，包括庙、墓、碑、华表等，将其与公园的景观设计整体考虑，充分发挥文物的历史价值和景观价值，并使其与公园内的景观环境融为一体。森林公园构成了整个奥运中心区的绿色背景，为市民提供融入自然的休憩场所，增强市民的参与性。

在此方案中，设计师们曾提出了几个具有代表性的设计理念，其一为中华文明五千年纪念大道：北京城上百年的发展都是围绕南北中轴线展开的，位于轴线上的奥林匹克公园长达5000米的距离，体现了中国五千年的成就与贡献，故将奥林匹克公园定位为中华文明五千年大道，共设计6个纪念广场，间距各为1000米，代表1个千年，6个广场分别代表三皇五帝、夏朝、周朝、汉朝、宋朝、中华人民共和国，其中三皇五帝和夏朝2个纪念广场位于奥林匹克森林公园内。最后，轴线以简洁的形式消失于森林公园的自然山水之中，代表中国古代文明发源于自然。

其二为奥林匹克轴线，起于亚运村体育场，向北穿过国家体育场，到达体育英雄公园，与文化轴交叉，最后到达森林公园中的奥运精神园。奥林匹克轴线与文化轴线在周王朝广场交叉，体现了中国对城市建设文化的贡献。规划中，这个交会点也将是奥运会期间奥林匹克升旗广场的位置。

其三，森林公园定位为传统的自然式中国山水园林，是一个体现中国几千年传统文化的理想殿堂。美丽的公园里，山林环绕，南园以水为主，大面积的“龙湖”成为整个龙形水系的龙头，水流注入龙湖，隐喻中国的东海，在海中央是传说中的蓬莱仙岛。北园以山为主，主峰高约五六十米，估计土方量大概为七八万立方米，取名中国的昆仑山脉，因为黄河、长江从那里发源，站在山顶向南眺望，可以看到奥林匹克绿色场馆的中心部分。公园中松树林、落叶乔木林和开阔的草地交相混杂，龙湖湖畔的桃花林逶迤向东，仿佛是东晋陶渊明笔下的世外桃源，是大家想象中的天堂。同时，森林公园内南北园相接的位置有3座绿色廊道，最宽的一座宽200米，位于中轴线上，左右各2座，宽约20～30米。

森林公园、文化轴线和奥林匹克轴线组成了奥林匹克公园的主体构架，适应此后每一座奥运场馆的建设，最大限度利用土地，把北京北部已有建筑与奥林匹克公园完美结合。

同时，根据赛时功能需要和专家、市民的提议，决定在奥林匹克公园内建设一个标志性景观塔，赛时将为北京奥林匹克转播有限公司（BOB）提供演播、转播等服务，赛后可作为鸟瞰整个奥林匹克公园的观光旅游点，并为赛后大型比赛和活动提供演播服务。

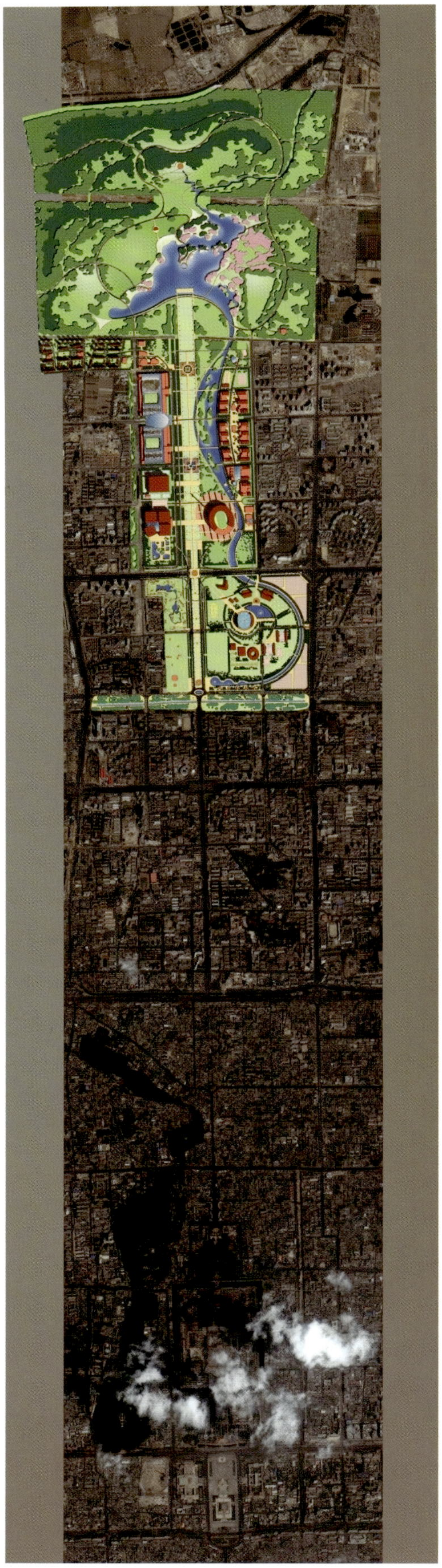

2.3.3 奥林匹克公园与城市中轴线影像叠加图

全区总平面图（赛后）

2.3.4 北京奥林匹克公园规划方案

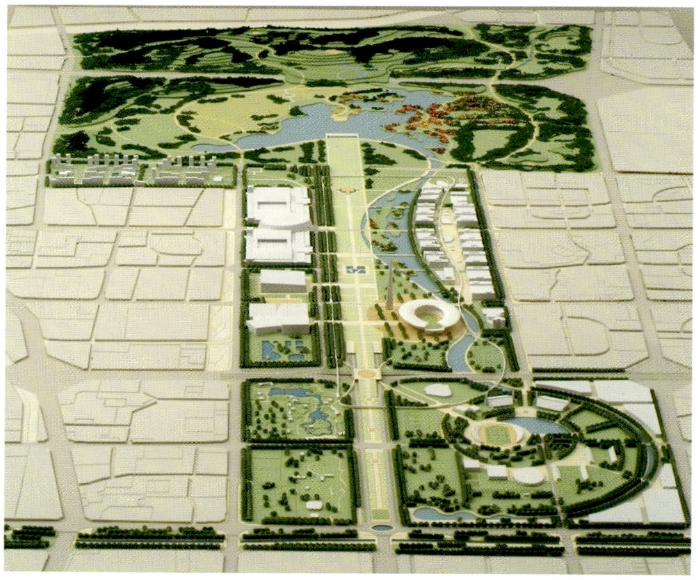

2.3.5　2002年荣获一等奖方案的奥林匹克公园总平面图、效果图及模型照片

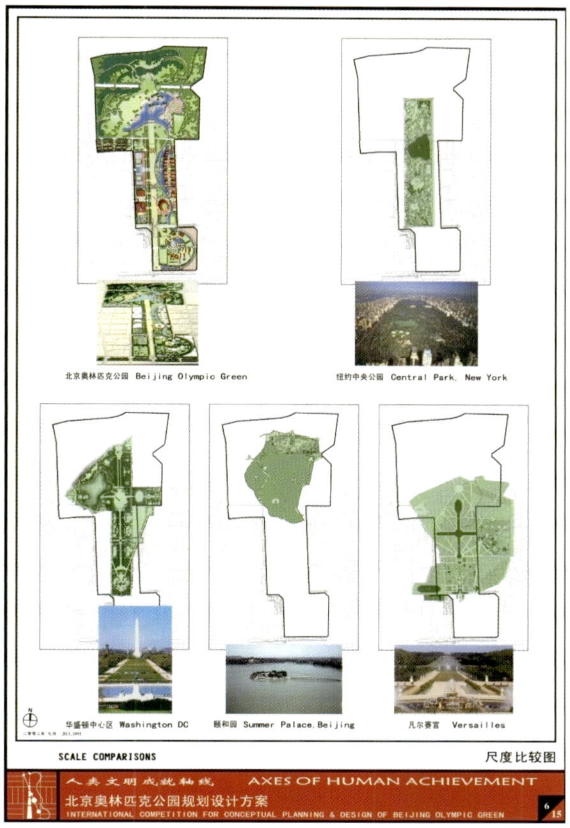

2.3.6 奥林匹克公园与其他著名公园尺度对比

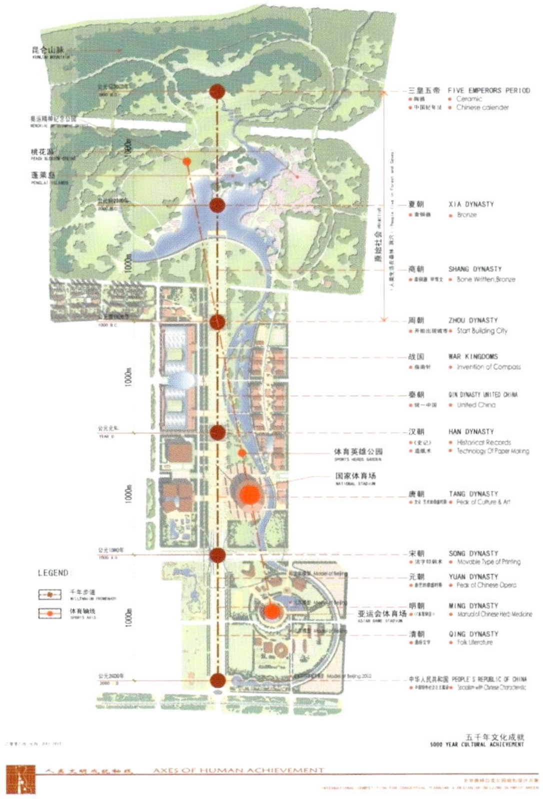

2.3.7 2002年获奖方案的中华文明五千年纪念大道分析图

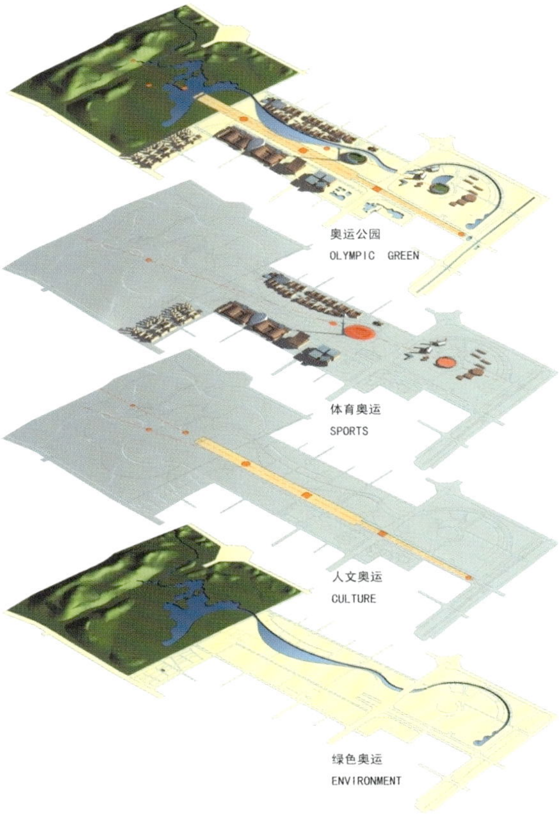

2.3.8 2002年规划理念分层叠加示意图

（三）奥林匹克森林公园及中心区景观规划设计方案征集

2003年7月～11月，受北京市人民政府的委托，北京市规划委员会、北京市朝阳区人民政府和北京市园林局共同组织了“奥林匹克森林公园及中心区景观规划设计方案征集”活动，共收到7个方案，评选出A01（易道公司、中国建筑设计研究院）、A02（Sasaki Associates In.、北京清华城市规划设计研究院）、A04（北京土人景观规划设计研究所）3个方案为优秀方案。12月，北京市规划委员会确定由Sasaki Associates In.和北京清华城市规划设计研究院联合创意的A02号方案为中标方案，由两家设计单位在此方案基础上进行深化。

2.3.9 A01方案

2.3.10 A02方案

A02方案基本保持了之前奥林匹克公园总体规划方案，以“通往自然的轴线”为设计理念，沿用北京城的规划与景观设计原则，将城市棋盘式网格通过贯穿公园南北轴的有序景观延伸至公园内。这套网格起自湖畔，止于森林公园广场，在这里，“城市融入自然”。这个21世纪的城市广场是举行集会的理想场所，与中轴线南端的历史城市中心天安门广场南北呼应，达到平衡。

曲线形的水面彰显了几何直线的城市格局，同时引入自然形态。森林公园之湖形似蟠龙，北起森林公园，向南面的中心区延伸，在南端，水面如盘旋的龙尾环绕着国家体育场，衬托其标志性的地位。国家游泳中心边的圆形喷水池是水系的终点，好似龙尾激起的浪花。

北京城轴线上的城门序列和朝向有其相应的含义与用途，服务于特定的仪式与活动。该方案运用相似原则，在奥林匹克公园中轴线南端设计一座高40米的不锈钢和铝的方形

2.3.11 A03方案

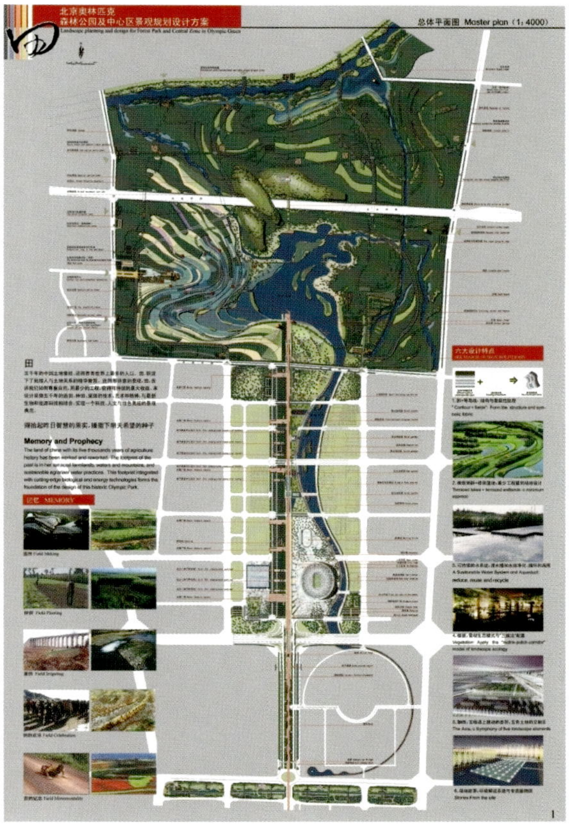

2.3.12 A04方案

2.3.13 A05方案

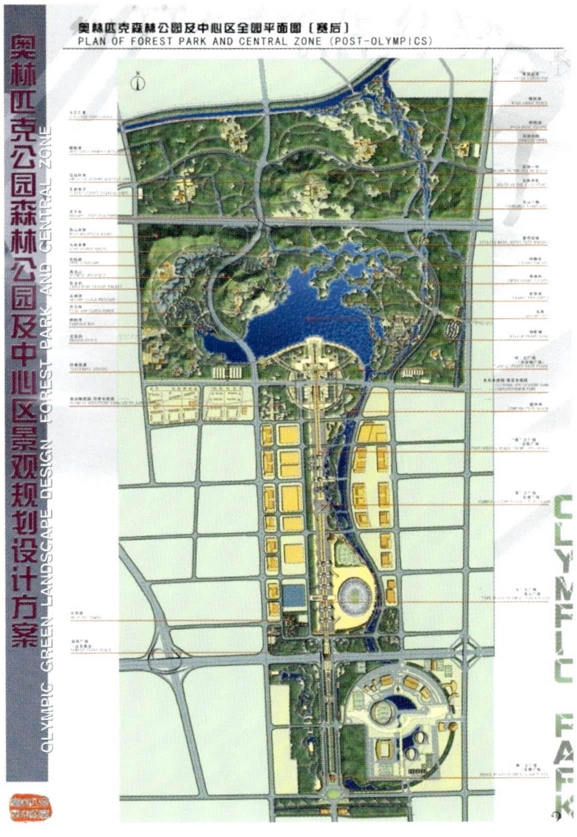

2.3.14 A06方案

2.3.15 A07方案

拱门，与元大都城墙相接的圆形倒影池上，水中方拱的倒影与方拱本身形成闭合的正方形，成为“奥运之门”。在中轴线北端森林公园的入口广场上，设计一座凌越于方形基座上的半圆拱，源于传统中式月亮门的灵感，99米高的半圆形“森林公园之门”将城市中轴线与森林公园中轴线连接，与“奥运之门”相同，龙形湖面中的倒影与其本身形成完整圆环，是沿城市中轴线的景线与沿森林公园水系横向轴线景线的交叉点，表达“天圆地方”的古老而又现代的人文设计理念。

透过“森林公园之门”北望，是中国传统自然山水的湖山写意。森林公园北园以山为主、以水为辅，南园以水为主、以山为辅，并以大型跨越式草地将南北园联系起来，使中轴线渐隐在自然山水中。

通过对7个参赛方案的山水设计进行综合分析与评价，以及通过山体土方效果对比分析等系列分析与论证，最终将森林公园内的主山由五环路以北的北园移到五环路以南，主山高度确定为48米，次峰高28米，土方量减小为487万立方米，以满足土方配给的限制条件。森林公园的山形水系方案最终确定为“负阴抱阳，山环水抱”的形式，山随水转，山随水止，自然融合。

由于主山距离主入口及湖面太远，无法起到在视线上强烈的统摄作用，因此在南园湖北侧规划了一系列配山与岛屿。在该方案中，设计主山高度为41.5米，同时将南园水系面积进行了扩张，湖面达到450米的进深和近1000米的面阔，总面积达约63公顷。

在这一方案中，还设计了一处引人入胜的亮点——森林公园湖畔露天广场，这是举行大型集会的理想场所，与城市中轴线南端的历史皇家建筑群形成平衡关系。跌落的石阶形成露天剧场看台，整个广场可容纳2万人举行活动，水上舞台将成为演出活动的视觉焦点。

在森林公园中设计了8个主要景区：蓬瀛胜境——南园湖北侧的系列配山与岛屿。芦汀花溆——通过模拟地表径流对高程变化较缓的地面冲刷后的地貌进行的湿地设计。湿地景区内同时设计有湿地保护区、观鸟塔、探险园、湿地科普园等。沧浪间想——该景区基址为一个公园，拥有较好的现状植被和水体，结合设计适当的休闲游憩和文化娱乐设施，如垂钓区、野营区、野餐烧烤区、森林浴场、儿童游戏岛、森林艺术区等，并设有各类服务设施。泓天一水——公园中轴线上的入口区。鉴天山林——北园的山林景观，同时设置大型的醒目建筑，如天镜、扶疏坪、风车等。林泉高致——位于北园主山体东南部，围绕小溪结合小桥、亭台设计的一系列自然景观，林荫小径在溪流上穿行形成空间趣味点。时鸣夹镜——位于公园西北部，是一处鹿苑设计，包含完全人工开发的生态饲养中心、半人工状态的鹿苑游览场地、完全自然状态的鹿苑场所三个区域。长虹引练——利用清河导流渠和仰山大沟纵贯公园形成的绵延3公里的景观河渠设计的具有特色的生态湿地廊道。这些景区构成了奥林匹克森林公园的景观设计的景区框架。

、

2.3.16　2003年A02号方案的奥林匹克公园总平面图和公园轴线示意图

2.3.17　A02号方案的奥林匹克公园总平面图

2.3.18　A02号方案的奥林匹克公园效果图

2.3.19　A02号方案的山水设计手绘草图

2.3.20　A02号方案的竖向分析图

2.3.21　A02号方案的功能分区图

2.3.22　林泉高致水彩效果图

2.3.23　森林公园大草坪水彩效果图

2.3.24　鉴天山林景区平面图

（四）奥林匹克公园最终方案及设计团队确定

2004年10月，北京市规划委员会与北京市奥指办、市新奥公司联合组织成立奥林匹克中心区规划设计技术工作小组，以加强奥林匹克中心区规划设计工作，落实各专业协调工作机制和技术责任制。2005年初，由北京市建筑设计院提出了景观总体规划及控规调整，在重新确定北京市新奥公司为实施主体后，结合中心区控制性详细规划调整、"三大理念"落实，对北京奥林匹克公园中区重要景观详细设计、地下商业建筑及下沉花园设计、地下交通联系通道设计、地下车库设计进行了招标。由北京市建筑设计研究院、北京市市政工程设计研究总院、北京中国风景园林规划设计研究中心、北京市水利规划设计研究院、北京城建设计研究总院有限责任公司组成的设计联合体中标。奥林匹克森林公园景观规划设计由北京清华城市规划设计研究院承担。

奥林匹克公园中心区中轴景观空间从南至北划分为庆典广场、下沉花园、休闲花园三大段落。庆典广场周围有国家体育场、国家游泳中心、国家体育馆等重要奥运场馆，考虑赛时人流量大、各种活动频繁，故以提供开阔的室外广场环境为主。下沉花园以下沉庭院为核心，结合地铁出入口、地下商业空间等进行设计。休闲花园作为中心区向森林公园过渡的地带，设计为开放的绿地空间，供市民游憩。中心区的景观设计方案强调中轴线的特殊意义，进一步明确中轴、树阵、水系三条轴线在景观中的控制作用，强调整体景观在南北方向上的贯

2.4.3　中心区景观大道鸟瞰效果图

2.4.4　中心区景观大道夜景鸟瞰效果图

五、奥林匹克公园的重要意义

1. 奥林匹克公园对于文化的传承

（1）中轴线：历史文脉的延续

举办奥运会和落实“人文奥运”成功的代表作就是中轴线的延伸。观察历史上的中轴线我们就会发现，它随着历史

2.5.1　奥林匹克公园中轴线全景图

2.5.2 下沉花园透视效果图

和文化的变迁而完善。元大都中轴线奠定了北京城的格局，1266年，元大都给北京城奠定了两个特征鲜明的城市布局：一是贯穿城市南北的中轴线；二是棋盘形状的城市街巷格局。明北京城中轴线继承了元大都把皇宫主要建筑都排列在中轴线上的做法，同时有了创新。当年梁思成先生是这样赞美中轴线的："一根长达八公里，全世界最长、也最伟大的南北中轴线穿过全城。北京独有的壮美秩序就由这条中轴的建立而产生；前后起伏，左右对称的形体或空间的分配都是以这条中轴为依据的；气魄之雄伟就在这个南北引伸，一贯到底的规模。"

1946年《北平都市计划大纲》方案中，将城市中轴线向南延伸到南苑。新中国成立以后，为了适应城市发展的需要，在中轴线的中段天安门城楼以南改造建成了天安门广场、人民英雄纪念碑和毛主席纪念堂，两侧建设了人民大会堂、革命历史博物馆等公共建筑，反映出新中国成立后的巨大变化。1953年的城市总体规划，将传统中轴线向北延伸至北郊。延长的中轴线成为城市北部新发展区的脊梁。20世纪80年代末，随着亚运工程的建设，北中轴线四环路以内的部分基本形成。1993年的《北京城市总体规划》中，明确将中轴线向南延伸至南五环，向北延伸至北四环以外，全长约25公里。至此，中轴线基本形成三段：传统中轴和南北中轴。此次奥林匹克公园的建设，再次续写北京的中轴线，以北京中轴代表着中国的古老文化，随着时代变迁不断发展——也许没有什么能够比把首都中轴的发展同奥运联系在一起，更能体现奥运精神同中国传统文化的结合了。奥运会当然也会在这样的结合中增添其文化内涵的丰富性，而中国的历史，也将永久地、深刻地以一条具有现代意义的首都中轴线记录下令中华民族骄傲的时刻。

在中轴线北顶端，"龙形水系"静静地守护着这片神圣的土地。同时，还规划了一条2.3公里长的"千年步道"，步道上是中华文明上至三皇五帝，下至宋元明清的各历史时期的标志物景观。蓝本中，这条古今罕见的城市轮廓线向北"融入自然之中"，则使传统山水文化步入现代文明。

（2）下沉庭院对于文化的特别关注

中心区下沉式花园在色彩、形态、内容上，吸取了传统文化的精髓：从紫禁城的红墙，到北京的四合院，从历经千年历史的鼓乐，到盛唐的马球运动，建筑中的文化元素无不绽放着中国悠久文化的璀璨光芒。以礼乐文化作为下沉庭院的景观主题，将"钟"、"磬"、"鼓"、"箫"等元素与下沉花园中的交通空间相结合，形成景观空间点。同时利用体现“琴弦”意象的地面分隔铺地的黄铜格栅将空间点串联，体现其连续性与整体感。

2.奥林匹克公园对于城市大尺度上的完善

城市规划将引领北京城市建设进一步向南城倾斜，保证了北京在面积扩大后仍保持均衡发展。在奥林匹克公园中，北端的湖泊与奥林匹克运河组成一条巨大的水龙，从而和北京古城内中轴线西侧的水龙——什刹海、北海、中南海遥相

2.5.3 奥林匹克中心区总平面图

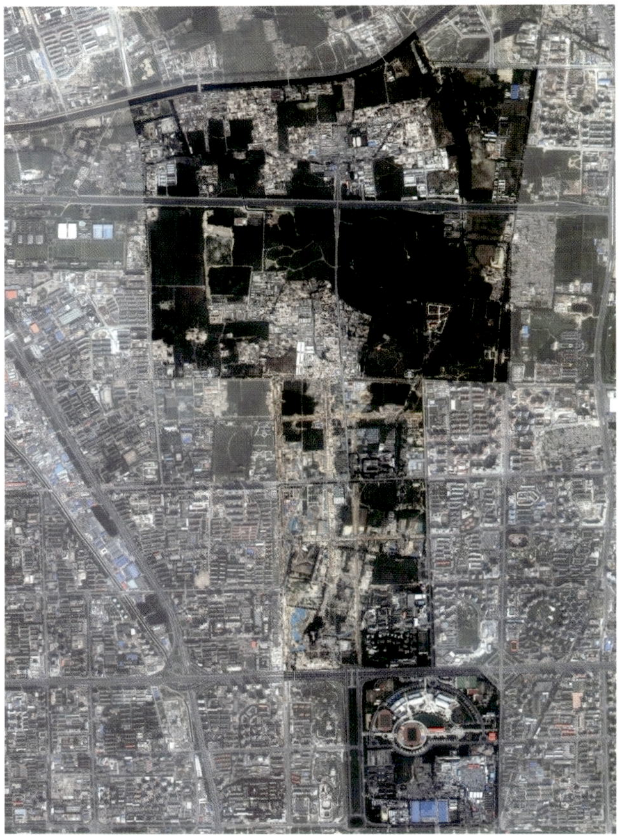

2.5.4 奥林匹克公园卫星影像图（美国QuickBird）2003年9月13日

2.5.5 奥林匹克公园卫星影像图（美国IKONOS）2008年8月2日

2.5.6 中心区的中轴线设计

2.5.7 中心区的主体建筑

2.5.8 中心区的绿化配置

2.5.9 中心区景观大道

2.5.10　中心区夜景鸟瞰

2.5.11　焰火中的中心区景观

呼应，形成对称性布局。这种历史与现实、传统与现代的有机结合，再加上蓝天、碧水和青山，以及体现现代高科技水准的体育运动比赛场馆，形成了一种时空交错的联系，穿梭于过去与未来的历史空间中。申奥成功后北京重点规划设计旧城内的钟鼓楼、地安门、前门、永定门，突出中轴线的对称严谨、壮观开阔的文化特色。奥林匹克公园的设计，同样反映了这一思想。

3.奥林匹克公园对于地方性尺度上的完善

（1）地下交通系统的建立

奥林匹克公园中心区地上景色如画，同时，地下也别有洞天。公园中心区地下藏着一条四通八达的环形通道。该通道全长9.9公里，其中主干道长4.5公里，是亚洲最长的城市隧道。

这条环形通道的走向与奥林匹克公园中心区内的南一路、湖边东路、北一路和景观西路大致相当。此前北京市曾建成中关村地下通道，但它只有1公里长，而这条地下通道长度接近10公里，不仅创下亚洲之最，在全球各大城市中也是少见的，整条通道的投资在13亿元左右。地下通道内平均每两三百米就有一个出入口，总计有25个之多。密集的出入口与奥林匹克公园中心区周边的北四环路、成府路、大屯路、科荟路、北辰路等近10条市政道路相通。可以方便行人选择交通工具。

此外，地下通道还与周边楼宇内的地下车库相通，并为

2.5.12　奥运中心区地下环隧工程

2.5.13　下沉式广场

那些还在图纸上、没有开工的楼宇预留了接口。

尽管地下通道建在奥林匹克中心区，但它却并非“奥运专用”，而是像所有的市政设施一样对全社会开放。尽管奥林匹克中心区只有“鸟巢”、“水立方”等为数不多的体育建筑，但根据规划，这片3平方公里的区域内将有330万平方米的建筑物，还有200多万平方米有待开发，其中既有文体设施，也有写字楼、商场等，详细规划还在制定中，目前已确定落户的有中国科技馆、中国艺术研究院等。有了地下通道，这些楼宇全部建成后，奥林匹克公园中心区依然会是都市中宁静的绿荫，依然会是人们休闲小憩的好地方。

（2）地下商业中心的建立

位于奥林匹克公园中心区地下的商业建筑，奥运会后，将建成全国最大的全地下商业建筑。地下商业建筑全部位于奥林匹克公园南北方向景观树阵、中轴线和龙形水系下部，向南连接奥运广场，向北融入森林公园，西侧则通过人行地下通道与国家会议中心相连。而奥林匹克公园内3.6公顷的下沉花园，则将作为地下商业的室外购物休闲广场和紧急疏散广场。

4.奥林匹克公园对于生态理念的延续

(1)通过植物营造改善生态环境

中心区的园林绿化水平是体现“绿色奥运”理念的重要载体。为了处理好绿化、水体、建筑群、广场之间的关系，采用道路绿化、广场绿化、公园绿化、中庭绿化、平台绿化、屋顶绿化、垂直绿化等空间、立体、多维的绿色生态体系，使植物与水体成为景观焦点。大面积的树阵及草坪，使用科学方法进行施工，为了增添园林绿化的效果，特别修建的下沉广场花园，给人耳目一新的感觉。植物既可以成为广场的绿色屏障，又使得水体自然气息更加浓烈。植物扮演了水体与建筑之间的过渡角色。不过，这么大面积的绿色植物

2.5.14 奥林匹克公园中心区娘娘庙周边及四环路衔接带鸟瞰效果

2.5.15 中心区景观大道

灌溉，也对雨洪的利用提出了更高的要求。奥林匹克公园中心区的雨洪利用工程与园林绿化工程相结合，共同构造了雨洪绿化景观，为首都创建出优美的生态环境；采用雨洪利用技术之后，可以缓洪错峰，减轻防洪压力，同时减少了自来水的使用，缓解了北京市的水资源危机。

而以“通往自然的轴线”为主题的奥林匹克森林公园更是体现了对于生态理念的重视。全园种植450公顷绿地，树木53万余株，其中乔木100余种、灌木80余种、地被100余种，林木覆盖率达到67%，超额完成北京申奥时的承诺（40%～50%）；全园林木年产氧5208吨，年吸收二氧化碳32吨，年树木滞尘4731吨，是名副其实的“北京绿肺”。同时，在公园的细节设计上还体现了万物灵长对动物的关爱：公园里建有连接南北园的大型生态廊道和中国第一座雨燕塔。如今，这座北京最大的公共公园已经成为市民的森林和休憩天堂，也是奥运会为北京留下的一笔宝贵的绿色财富。

（2）通过高科技进行生态环境的改善

北京奥运会期间奥运场区将全面采用环保新能源汽车技术，在奥运史上首次实现奥林匹克公园中心区域交通“零排放”。

科技奥运“电动汽车运行示范、研究开发及产业化”等重大项目实施以来，相关部门在新能源汽车技术研发与应用方面取得重大进展。北京奥运会期间，除实现奥林匹克公园中心区域交通“零排放”外，中心区域周边地区及奥林匹克交通优先路线也将实现交通“低排放”目标。中心区还铺装透水砖路面，一般雨天天气不会造成道路积水，在方便行人，减少随雨水到处蔓延的污染物，涵养地下水的同时，也改善了局域的环境质量，减少了热岛效应。

在森林公园的设计中，充分发挥科技的力量，大力推动环保措施的应用，使问题得到了很好的解决。包括中水净化、雨水收集、污水利用、智能化灌溉和生态防渗等技术的应用让那些反对的呼声得到了平息。同时，公园还采用了近自然林系统、废物资源循环利用、节能建筑等多项生态技术，充分展示了北京奥运会的环保理念。

5.奥林匹克公园对于城市周边地段经济价值的提升

未来城市将朝向景观都市主义的方向发展，因此，在高密度的城市中间，人们对于城市公共绿色空间的关注将提到前所未有的高度。有数据显示，在密度很大的地点，户外公共空间创造了巨大的价值，例如纽约中央公园、芝加哥的千年公园和波士顿的邮政局广场等。有专家进行过调查，假如将纽约中央公园卖给地产商，在2006年会得到大约5290亿美元的天价，这个数字比美国当年的国防预算还要多。但他们为什么不卖呢，你要知道美国人是现实主义者，他们不赋予美丽太多的浪漫主义色彩和价值。原因是如果卖掉中央公园而用其发展地产的话，将会失去更多的钱。最后的统计显示，通过旅游业创造的收入，及其带给周围房地产带来的增值远远大于出售中央公园得到的收入。

2009年的美国景观设计师协会将北京奥林匹克森林公园评选为荣誉设计奖，并在评语中这样写道：这个项目为了奥运而设计，但却是未来的公园。在纪念性的尺度上创作对景观设计师是难得的机会，北京清华城市规划设计研究院把握机遇，奥林匹克森林公园对北京的改变将等同于中央公园对纽约的意义。那么在未来，奥林匹克森林公园对于北京城市的经济价值将是无法估量的。

六、奥林匹克公园实施方案

（一）奥林匹克中心区方案设计

奥林匹克中心区方案设计充分遵循了奥林匹克公园规划设计原则：在空间形态上体现北京城市特色，强调中轴线的特殊意义；在功能布局上既充分满足奥运会的要求，又有利于城市的长远发展；在交通系统及交通组织方面有利于赛期和赛后的使用，重视公共交通系统的建设；体现生态、环保的概念；具有较强的分期建设与市场化融资运作的可操作性。

中心区景观设计对所包含的各方面内容进行了重新理解，对每一块建设用地的使用功能进行定义，对建设用地、赛时临时用地和其他一般用地提出景观设计的指导意见，为景观设计的开展创造条件。

进一步明确中轴、树阵、水系三条轴线在景观设计中的控制作用，积极促进三条轴线空间的相互渗透，强调整体景观东西方向的联系，从而使景观设计在平面概念中形成更加稳定的格局。确定景观设计的整体框架及地块间的联系，便于大面积景观分块设计研究。

结合控规调整中增加地下商业的要求，提出在中轴空间的东侧建设下沉庭院的思路，使地下商业中心位置向室外敞开，为商业、地铁、大容量公交的人流提供开敞的出入空间和室外环境，景观空间也随之立体化。

确定中轴景观空间的层次及功能要求，从南至北将中心区景观划分了庆典广场、下沉花园、休闲花园三大段落。庆典广场周围有国家体育场、国家游泳中心、国家体育馆等重要奥运设施，人流量大，赛时各种活动频繁，主要以提供开阔的室外广场环境为主，体现奥运氛围；下沉花园以下沉庭院为核心，强化城市空间的立体处理，丰富层次，为赛后城市公众和游客提供交通、休息、娱乐、餐饮、购物等功能；休闲花园作为中心区向森林公园过渡的地带，以人工和自然的景观混合的设计为主，向市民提供开敞的景观空间，同时满足公众集中的文化活动。

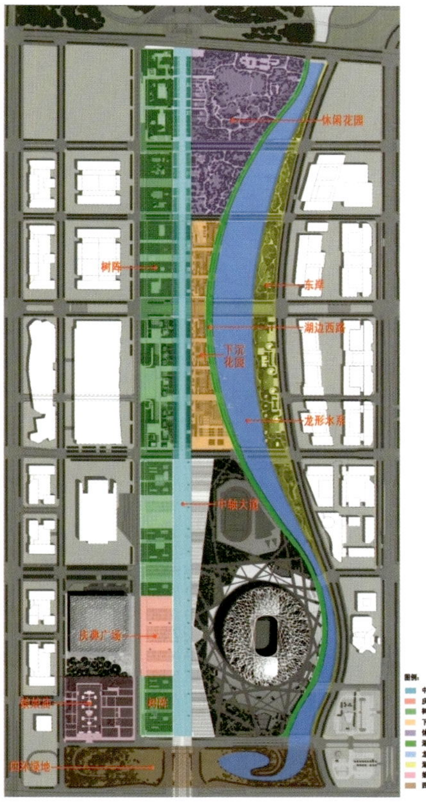

2.6.1　奥林匹克公园中心区景观分区图

1.中轴景观大道

中轴景观大道是北京市中轴线的北部端头，南起熊猫环岛，北端止于奥林匹克森林公园南门广场区，分为民族大道和中心区两段，总长度达3.7公里，宽60米。

中轴景观大道借鉴了天坛、天安门、故宫等中轴建筑的传统御道铺装，中央11米区域内采用灰色花岗石铺装，大气、简洁，富有气势，既增加了其使用的耐久性，也延续了传统中轴的历史厚重感。中轴景观大道其他区域铺装也都以灰色调花岗石为主，严谨、统一。

2.6.2　庆典广场夜间景观

2.6.3　庆典广场白天景观

2.庆典广场

庆典广场位于奥林匹克公园中心区南部，国家游泳中心西侧，中轴景观大道东侧，与国家体育场隔中轴景观大道相望，是中轴序列的一个高潮。庆典广场南北长约260米，东西宽约100米，是奥运会赛时主要庆典活动及人流集散中心。在庆典广场的南北两侧，设计了两个全地下旱喷泉池，为庆典广场增加了趣味，并可改善空气的湿润度。

3.树阵景观带

树阵景观带位于中轴景观大道西侧，长2.4公里，宽100米，沿中轴景观大道由高大乔木形成的20个矩阵整齐排列，乔木之间纵横间距为6米，由南至北厚度呈渐变布置，在国家游泳中心、国家体育馆东侧打开形成庆典广场和体育馆

2.6.4　庆典广场旱喷泉夜景组图

2.6.5　景观大道夜景

2.6.6　下沉式广场小品

2.6.7　下沉式广场

2.6.8　夜景鸟瞰

广场。树阵林下设有变化丰富的休闲空间，设置供市民活动的场地、雕塑及辅助设施，树阵下地面由南部纯铺装向中部树下规整绿篱、北部树下自由绿化逐步渐变，体现了由现代城市向郊野森林公园的过渡。

4.下沉花园

下沉花园原有设计已经具备中国传统空间的基本特征：它强调了南北序列，增加了地上地下的过渡层次，并用统一的语素围合了东西界面。

紫禁城和四合院是北京城的代表，在以往的等级社会中，它们被高耸的红墙截然分开。今天，随着多元、开放、平等、和谐时代的到来，红墙的禁止功能被交流功能所取代，这条难以逾越的边界开放了，宫城禁地和民间胡同相互融合，在奥林匹克公园里诞生出一个新的地域景观。开放的紫禁城既保留了北京原有的意象，又通过红墙、灰墙重构了全新的动态空间，使人能从这个新的场所中体验中国的传统文化。

中心区下沉庭院共有七个院落，它们从不同的角度对中国的传统文化进行了深入的诠释，以中国古典元素为基础，用现代、前卫的表现手法，营造出充满中国文化特色的热闹场景。

一号院：御道宫门表现了城市开门的宏大场景。通过御道台阶—方形广场—宫门飞檐再现了紫禁城午门广场的空间意象。在这里举行的城门开启仪式，让人们体验到传统文化活动与现代精神的结合。

2.6.9 下沉式广场俯瞰

2.6.10 下沉式广场主体建筑

2.6.11 下沉式广场休息座椅

2.6.12 下沉式广场植物景观

二号院：古木花厅拉近了人的尺度，让人体验地方民居文化。院落的主题是表达传统文化背景下市民生活的意境，取名“瓦院”。院落核心是一组北京民居中代表性的三进制四合院，通过诠释四合院的基本空间，以具有代表性的中国传统建筑材料——瓦作为主要表达手段，加入镂空瓦墙、倒影水池、立瓦铺地等元素，配以白玉兰、丁香以及金镶玉竹、西府海棠、寿星桃等代表性地方树木，形成有地域文化背景的室外休憩场所。

三号院：礼乐重门，使人从礼乐活动中感受中国古老的文明。中国钟——“合瓦形”双音编钟是中国战国早期著名的青铜乐器。三号院钟磬塔上悬挂了818件青铜铸制的钟、磬、铃，钟磬铃以中国传统编钟为范模，每口钟能敲奏两个乐音；最大铜钟和曾侯乙墓出土的最大编钟一样大，其钲部刻铸了饱含中国传统文化元素的“礼乐”二字。

四、五号院：穿越瀛洲，在穿越隧道的前后过程中体会绿色瀛洲。这个穿越性的交通空间与绿色的休闲空间相结合，表象了对瀛洲仙境的向往。四、五号院成对称布局，和大屯路人行隧道一起组成了南北院落之间的联系纽带，并由此通往地铁和大屯路交通枢纽。

2.6.13 下沉式广场水系

2.6.14 下沉式广场院落

2.6.15 长廊一角

2.6.16 下沉式广场景观雕塑

区的自然式文化生态休闲花园，也成为联系北部森林公园的过渡地段。休闲花园南北两个花园均采用自然式栽植手法，周边紧密围合，中间空旷，留有余地，便于活动，中间有花卉与花灌木组成的花境。

6.龙形水系

贯穿奥林匹克中心区南北的龙形水系总长约2.7公里，水面宽度20～125米，总水面面积为16.5万平方米，水深0.6～1.2米，在中心区内自然曲折，形成了奥林匹克中心区的水轴，并与奥林匹克森林公园内的奥海共同形成了一条完整的龙形水系。在水系中央段，与下沉花园对应部位设置总长600多米的水中音乐喷泉。

2.6.35

2.6.36

2.6.37

2.6.38　休闲花园

2.6.35～2.6.38　奥林匹克森林公园景观

7.景观灯柱

在中轴景观大道上竖立的一束束银杏树般的景观灯柱，不仅蕴含着中华民族的寓意，并且灯柱冠部的5个巨型银杏叶状灯片，又与奥运“五环”相映成趣。中轴景观大道上共设29根灯柱，柱间距从72米到90米不等。蓝天白云下，景观灯柱柱身破土而出，向上生长，5个银白色的叶片在不同高度向周围展开，呈树冠形态，像礼花绽放，又似清泉喷涌。

2.6.39　由水面看鸟巢和玲珑塔

2.6.40　玲珑塔上北望

2.6.41 奥林匹克公园全景主图

8.玲珑塔——多功能演播塔

玲珑塔建于“鸟巢”北侧室外热身场地的西北角，中轴线以东，刚好和下沉花园形成对位关系。塔高150米左右，平面呈三角形，3个角部分别为楼梯、电梯筒，也是巨型钢结构的3个钢框架支点，框架筒之间用斜交钢梁穿插搭接，自然形成菱形的空间体，加上楼板和玻璃幕墙，行成多媒体演播室。

2.6.42 景观灯柱

2.6.43 玲珑塔一瞥

（二）奥林匹克森林公园

奥林匹克森林公园位于奥林匹克公园的北部，城市中轴线的北端，占地680公顷，是奥林匹克中心区的重要景观背景，是北京市最大的公共公园。

1.规划设计理念

奥林匹克森林公园以"通往自然的轴线"为规划设计理念，奥林匹克中心区代表着现代城市，而奥林匹克森林公园则代表着自然式空间格局，磅礴大气的自然生态系统赋予了北京古城中轴线新的延伸，使这条代表城市历史、承载古老文明的轴线完美地消融在自然山水园林之中，以丰富的生态系统、壮丽的自然景观诠释"通往自然的轴线"理念。

2.6.44 总平面图

2.6.45 鸟瞰效果图

作为"北京"的奥林匹克森林公园，其规划设计理念中必然包含中国传统文化的组成部分。奥林匹克森林公园力求"虽由人作、宛自天开"这一中国传统造园艺术的最高境界；山水错落，负阴抱阳，取"仁者乐山，智者乐水"的意境，使山水空间具有了人文的意义；绵延山水，跌宕起伏，寻求"一峰则太华千寻，一勺则江湖万里"一样的大气魄，突出表达人与自然相生共荣的和谐，而这正是中国文人墨客千百年所追求的意境；"龙形水系"，不仅取"水不在深，有龙则灵"的文化含义，更是将中国龙图腾向世界传播。可以说，奥林匹克森林公园的设计创意，处处闪耀着中国传统文化的光芒，使"通往自然的轴线"不仅仅体现在空间概念上，还使这一理念具有了历史人文的意义，成为对中国传统文化浓缩而精确的总结。

2.总体规划设计

奥林匹克森林公园的功能定位为"城市的绿肺和生态屏障、奥运的中国山水休闲后花园、市民的健康森林和休憩自然"。由于现状北五环路的存在而自然地形成了南北园两部分。北园占地300公顷，是以生态保护与生态恢复功能为主的自然野趣密林，尽量保留原有自然地貌、植被，尽量减少设施，限制游人量，为动植物的生长、繁育创造良好环境。南园占地380公顷，是以休闲娱乐功能为主的生态森林公园，以大型自然山水景观的构建为主，山环水抱，创造自然、诗意、大气的空间意境，兼顾群众休闲娱乐功能，设置各种服务设施和景观景点，为市民百姓提供良好的生态休闲环境。

2.6.46　奥林匹克森林公园航拍

2.6.47　俯瞰奥林匹克森林公园

奥林匹克森林公园作为规模最大的在建奥运工程，从规划设计伊始，就将所有的工作纳入到“绿色奥运、科技奥运、人文奥运”三大理念体系中，以“绿色”为基础，展开全方位、近自然的生态体系规划，以“科技”为依托，展开各项综合课题的研究与实践，以“人文”为灵魂，营造富有中国文化气质的山水格局，架构现代公园多功能公共服务体系。

奥林匹克森林公园全面应用当代最先进的景观建造技术和生态环境科技，制定出一系列重要的生态战略，形成大量生态设计成果，用科技营造和谐自然的生态公园，力求达到中国传统园林意境、现代景观建造技术与环境生态科学技术的完美结合，成为当代城市大型生态公园建设中具有示范性意义的杰出代表。

2.6.48　功能分区图

2.6.49　航拍

2.6.50　南园

2.6.51 南园及生态廊道航拍

2.6.52 北园植物景观（一）

2.6.53 北园植物景观（二）

奥林匹克森林公园是国内第一个全面采用中水作为水系和主要景观用水补水水源的大型城市公园。从清河污水处理厂引入公园的中水，经人工湿地处理系统处理达到景观用水水质标准后进入奥海，同时每天从奥海取水用于园内的智能化灌溉系统和道路喷洒等。湿地景区内的生态水处理展示温室，是一处可持续发展教育中心，集科学性、景观性、趣味性为一体。园内水体均铺设膨润土防水毯，既防止水资源的流失，又保证适量的水交换，以达到长期的水生生态系统的平衡。园内的雨水收集系统与地形、地貌、园内河湖水系及周边市政雨水条件紧密结合，以蓄为主、排蓄结合，雨洪利用率高达95%。

全园的污水（包括厕所排污）处理率先在国内城市公园中实现了零排放，即俗话所说的“肥水不流外人田”。公园采用了MBR生物膜、生物速分、微生物降解粪便等先进的水处理技术对公园污水进行处理，通过粪尿源分离的手段，结合收集公园的枯枝落叶，将园内所有废物制成高效的生态肥料，回用到园林养护中。奥林匹克森林公园是国内第一个对园内废物资源循环使用的城市公园，提升了传统环保理念，具有重大的示范和推广意义。该项目成为国家863科技支撑计划重点课题，受到了在全世界范围内致力于可持续发展的多个国际组织的高度重视和充分肯定。

园内450公顷的绿地，是由219种共53万株乔木、60余种灌木和20余种地被植物按照生物多样性的设计思想组成的近自然林系统。因此，未来的奥林匹克森林公园完全有可能成为一个植物种源库。考虑到森林公园会成为其他生物良好的栖息之地，利于建立良好的生态系统，公园设计者专项设计了国内第一座专为濒危鸟种雨燕栖息的雨燕塔和跨高速公路、将南北园生物联系起来的大型生态廊道等项目。

奥林匹克森林公园是第一个全面采用生态节能建筑设计的大型城市公园。全园建筑均不同程度的采用了生态补偿技术，可以节能50%～70%。园内所有建筑均采用了新型建材及建材工艺，有21个建筑采用了地源热泵系统，利用地热调节室内温度，清洁环保，高效节能，无污染。在覆土建筑内使用光导照明技术，充分利用太阳能，将自然光引入建筑内，替代灯光照明。为了节能降耗，园内建筑还应用了生态核系统、温湿独立控制新风系统等科学系统，并建成了国内大型公园中第一个结合太阳能光电板的景观廊架。

2.6.54 “绿色奥运、科技奥运、人文奥运”三大理念技术展示

2.6.55　竖向规划设计图

3.竖向规划设计

奥林匹克森林公园南园以大型山水景观构建为主，北园以微地形起伏及小型溪涧景观为主，成功展示了中国传统山水园林的独特魅力。北以山体作为屏镇，南为水系，形成“山环水抱、起伏连绵、负阴抱阳、左急右缓，左峰层峦逶迤、仰止西山晴旅，右翼余脉蜿蜒、环顾龙湖胜景”的山水格局模式，山体设计绵延磅礴，以势取胜，水体设计绰约大气，以形动人，整个山形水系真假难辨，“虽由人作，宛若天开”。

4.水系规划设计

奥林匹克森林公园内总水面67.7公顷，包含20.3公顷的主湖、5.71公顷的湿地、25公顷的河道以及16.69公顷的其他规划水面。结合场地西南高东北低的地形条件，充分利用现状洼里公园及碧玉公园湖区水系，构筑以主湖为主水面的“龙首”水系格局，实现“龙形水系”的整体景观意象。主湖奥海背依仰山，南临南主入口，西北利用现状近10米的高差建设为由层层落水构成的湿地观赏景区，东及东北向分别与碧玉公园水系、洼里公园水系相连，跨过主山与清河导流渠

2.6.56　仰山奥海

相接，最终形成湖、显地、河渠等形态多样、景观丰富的水景效果。作为水系系充的一部分，公园中的驳岸采用生态驳岸形式，以生态防护为目的，以植物为主要材料，采取自然形态的水岸处理方式。

北园水系引自西北部的清河导流渠，以萦回曲折的溪流和小尺度湖面为主，蜿蜒于山丘之间，最终注入北侧的清河。该水系一方面能够收集雨水，防洪减灾；另一方面则通过湿地、山溪等景观的营造，烘托北园朴野自然的山林气氛。

2.6.57　奥林匹克森林公园全园水系规划图

2.6.58　令人神往的“龙首”——主湖

5.种植规划设计

奥林匹克森林公园种植规划设计以生态的思想和生物多样性理念为首要原则，通过巧妙利用各种植物，使园林景观逐渐由城市化向自然山林过渡，尽可能扩大林地的叶面积系数，运用植物造景的原则、手法，组成一个个既能发挥综合的生态、社会、经济效益，又各具特色的植物景观群落。

通过以乡土植物为主的当地原生群落的重建，从而成为乡土植物的种源地并为各种乡土野生动物（尤其是鸟类）提供栖息地，实现了城市生态系统向自然生态系统的过渡；通过高绿量以及高水分利用效率的植物种类的选择，达到为城市提供新鲜氧气并吸收二氧化碳、释放负氧离子提供新鲜空气等作用，同时最少消耗生态资源，达到生态效益最大化；对城市水分平衡起到重要的调节作用；提高生物多样性，改善城市生态环境质量；减缓城市热岛效应；提高城市生态承载力；保障城市生态安全。

2.6.59　奥林匹克森林公园植物景观（一）

2.6.60　奥林匹克森林公园植物景观（二）

2.6.61 奥林匹克森林公园植物景观（三）

2.6.62 自由生活在公园内的野生小动物

6.交通规划设计

奥林匹克森林公园的交通系统规划设计，以人为本、采用人性化设计理念，以安全性原则为先，同时满足采用不同交通方式的游客的不同需求，保证游客游览时的便捷性与舒适性要求，交通体系与公园景观融合协调。为满足游客方便、快捷地到达公园各景区及景点，沿公园主干道布置了无污染的电瓶车游览路线，其服务范围覆盖公园主要景区。

2.6.63　重要的一级入口——南主入口

2.6.64　二级入口——S2门区

7.主要景观景点

(1) 仰山

奥林匹克森林公园的主山取名“仰山”，不仅使得“仰山”这一当地传统地名得以保留，更与“景山”名称呼应，暗合了《诗经》中“高山仰止，景行行止”的诗句，并联合构成“景仰”一词，符合中国传统文化对称、平衡、和谐的意蕴。明清的皇城以景山为屏障，而21世纪的新北京的轴线则以奥林匹克森林公园仰山为新的屏障。

2.6.65 仰山

(2) 奥海

森林公园的主湖取名“奥海”，北京传统地名中的湖泊多以“海”为名，借“奥林匹克”之“奥”字，有奥秘、奥妙之意，命名为“奥海”，有“奥运之海”之妙。

在中国的神话与传统文化中，龙是最为尊贵与神圣的图腾，并总是与水结合在一起，森林公园奥海形如龙首，蜿蜒穿越整个奥林匹克中心区的景观河道宛若龙身，盘旋的龙尾环绕着“鸟巢”，“奥运中国龙”跃然显现。

2.6.66 奥海

2.6.67　天境（一）

（3）天境

天境，仰山顶峰，29棵精心挑选的油松，象征着北京第29届奥运会。高6米、重63吨的泰山石，是天境的主景石，与仰山一起成为北京中轴线上的新地标。自然的天境观景平台，使游客可以停留俯瞰奥海，欣赏满目的绿色，回望北京中轴线，也是驻足、游玩、休憩之佳地。

2.6.68　天境（二）

2.6.69　天境（三）

（4）林泉高致

林泉高致位于仰山的西南，将山体自然形成的谷地设计成一条溪涧瀑布，共设三潭两峰，全长约370米，由西向东汇入奥海之中，构成山水相依的空间格局。石峰上挂落飞瀑，蜿蜒而下，林荫中潺潺溪水，石径其间。山水林泉相映成趣。

2.6.70 林泉高致

（5）湿地及叠水花台

湿地是奥林匹克森林公园水质改善系统工程中生态自然净化系统的重要组成部分，深度处理作为公园补水水源的中水及循环湖水，为公园提供优质的水环境。同时，湿地景区通过种植各类湿地植物，营造美丽壮观的、充满野趣的自然生态景观，带给游人一道独具特色的湿地风景线。利用现状高差营造的叠水花台景观，既满足水处理系统对滞水时间的需求，又打造了宛如山间台地的人造自然景观。贴近水面的木栈道，集游人通行与阻拦水流、减缓水速作用为一体的沉水廊道，使游人可以近距离地感受自然。

2.6.71 湿地上的栈道

2.6.72 湿地景区

2.6.73 沉水廊道

2.6.74 叠水花台

（6）南入口及露天剧场

南入口是奥林匹克森林公园主出入口，被赋予了“通向自然之门”的意义，成为通往自然的轴线中城市环境与自然环境的转换点。南入口中心广场的主要铺装面的宽度和尺度与景观大道的宽度和尺度相似，两侧的廊架南北进深128米，高6～9米，在立面上成波浪形，暗合了山水的曲线，材料上选择了可再生材料木塑格栅，使廊架在视觉上轻盈大方、具有亲和力，同时为游人提供了大量的遮阴休息空间。

露天剧场面积约4万平方米，可容纳2万人同时观看演出。露天剧场恰似龙口衔着的一颗宝珠，配合壮观的喷泉水景和山水舞台形成最为壮观的顶级户外演出场所，在奥运会期间可举办世界瞩目的演出活动，平时将成为市民休闲活动的草坪广场，可容纳多种多样的市民活动。

2.6.75 南入口

2.6.76 露天剧场

2.6.77 公园里的三口之家

（7）生态廊道

生态廊道是奥林匹克森林公园南、北园之间人车通行的重要联络通道，也是两景区间动物通行的唯一通道，上跨北五环路，宽60米，长218米。生态廊道维护了城市生态绿地系统与格局的连续性，将公园连成一个整体。生态廊道开辟了立体的绿色空间，注重公园空间的优化和美化。

2.6.78　生态廊道（一）

2.6.79　生态廊道（二）

奥林匹克森林公园项目得到了国内外同行业的认可和称赞，随着她的落成，国内外的殊荣接踵而至：2009年9月，荣获美国风景园林师协会综合设计类荣誉奖，ASLA评委会评价“奥林匹克森林公园项目为了奥运而设计，却是未来的公园，在纪念性的尺度上创作对景观设计师是难得的机会，北京清华城市规划设计研究院把握机遇，奥林匹克森林公园对北京的改变将等同于中央公园对纽约的意义”。2009年8月，荣获国际风景园林师联合会亚太地区设计类总统奖（一等奖）。2009年4月，荣获2007年度全国优秀城乡规划设计项目城市规划类一等奖。2009年3月，荣获北京市奥运工程落实“绿色奥运、科技奥运、人文奥运”理念突出贡献奖、北京市奥运工程绿荫奖一等奖、北京市奥运工程优秀规划设计奖和北京市奥运工程科技创新特别奖。2008年12月，荣获北京市奥运工程规划勘查设计与测绘行业综合成果奖、先进集体奖、优秀团队奖。2008年2月，荣获国际风景园林师联合会亚太地区风景园林规划类的总统奖（一等奖），国际风景园林师联合会认为“北京奥林匹克森林公园是21世纪世界显著成就之一，是在大都市中完全人工建造的大型城市公园，其大胆的、富有挑战性的风景园林规划设计成为耀眼的亮点”。2007年12月荣获北京市第十三届优秀工程设计奖规划类一等奖。2007年3月，荣获第五届意大利托萨罗伦佐国际风景园林奖城市绿色空间类一等奖。该奖是由国际建筑师协会(UIA)、国际风景园林师联合会(IFLA)认可的国际风景园林奖，这是我国作品第一次获此殊荣。

3.1.10　北京金融街

（三）营造北京特色奥运城市景观

奥运城市景观建设是添彩工程，是环境建设的一项主要任务。按照"体现奥运精神、遵守国际惯例、富有北京特色、符合规划要求、整体布局合理"的原则，编制了《奥运城市环境景观规划》，对"两区（奥林匹克中心区和天安门广场区）、两轴（南北中轴线和东西长安街轴线）、一线（机场高速公路）、七类地区（奥运场馆地区、城市主要干道、文化活动广场、主要商业街区、历史文化街区、名胜古迹地区和其他城市地区）"进行了奥运景观布置，通过大型雕塑、楼体装饰、灯杆挂旗、绿化美化、充气造型等实施手法，较好地体现了北京的传统文化和现代文明风貌（图3.1.13～图3.1.16）。

3.1.11　中轴线上的皇家宫苑

3.1.12　国家大剧院

3.1.13　金融港

3.1.14　北京三里屯

3.1. 15　国家大剧院

3.1.16　首都国际机场鸟瞰

（四）做好场馆外围保障工作

城市运行是奥运赛事顺利进行的重要保证。根据奥组委赛事安排，明确了场馆外围保障工作范围，包括78个场馆（31个比赛场馆、39个训练场馆、8个非竞赛场馆），110个签约饭店，81条途经路线，4条比赛路线。建立了场馆外围保障工作领导小组和各专业保障工作组，对应奥运场馆团队，还组建了38个场馆外围保障工作组。制定下发了《北京奥运会和残奥会场馆外围保障工作通则》，编写了《2007年"好运北京"体育赛事场馆外围保障工作案例》。形成了奥运会和残奥会赛时城市运行指挥、控制和联络体系，采集对城市运行有重大影响的16个部门的基本数据，编制了《城市运行体征指标日报》，为城市运行工作提供了基本内容和实践经验。

3.1.17 北京奥运数字大厦

3.1.18 国家体育场周边环境

3.1.19　国家游泳中心

3.1.20　北京奥林匹克公园赞助商展示区

（五）人人东道主，建设新北京

以“迎奥运、讲文明、树新风—我参与、我奉献、我快乐”活动为主阵地，开展“波浪式”新闻宣传，开通首都环境建设网，制作张贴宣传画，利用出租车和地铁宣传环境建设公益内容，印发《环境建设志愿服务手册》，宣传市民理解和支持环境整治工作。每季度组织一次“清洁城市”行动，开展“奔向奥运的北京文明”摄影比赛，让广大市民亲身感受到了环境建设带来的实惠。通过开展“环境建设规划意见征集”、“我爱北京”系列社会评选、“巧办法治理大环境”、环境建设监督岗等活动，调动了广大市民参与环境建设的积极性和主动性，城市管理主体作用得到了较好发挥。

3.1.21　遍布街巷的奥运宣传画

3.1.22　长城上的奥运宣传

3.1.23　北京奥运新闻中心

3.1.24　国家会议中心

二、迎奥运环境整治

为实现"新北京、新奥运"的战略构思，以2008年奥运会为契机，北京市深入开展环境整治、环境建设工作，将100条重要街道和50个重要地区作为整个工作重点，为2008奥运会的举办创造整洁、优美和谐、有序的城市环境。本着政府组织、专家领衔、部门合作、社会参与、科学决策的精神，北京市"2008"环境建设指挥办公室对上述100条街道和50个地区中的重要地段（即两轴、四环、六区、八线）进行概念规划方案征集的工作，开阔思路，达成共识，在系统研究的基础上形成重点大街、重点地区环境建设的纲领性文件，以指导下一步各大街、各地区环境建设的实施工作，为全市的城市环境改善起到统领和示范的作用。

"两轴、四环、六区、八线"中，两轴为长安街及其延长线、南北中轴线；四环：二环路、三环路、四环路，五环路（长安街及其延长线以北段）；六区：天安门广场及其周边地区、首都国际机场地区、奥运中心区、王府井商业区、北京站地区、什刹海地区；八线：机场路、崇雍大街及其延长线、西单北大街及其延长线、平安大街及其延长线、两广路、前三门大街、朝阜路、中关村大街。其中道路长度约300公里，地区面积约90平方公里。

"两轴、四环、六区、八线"是奥运运行的载体；是城市景观的骨架；是北京形象的窗口，是奥运环境整治工作的重中之重。其中两轴：主要承担首都职能的发挥。四环：是城市快速路系统的重要组成部分。六区：多角度展现北京的形象。八线：大多是城市主干道，展现不同的城市风貌。通过以上重要对象的环境建设工作，带动整个北京市城市环境质量的提升（图3.2.1～图3.2.6）。

"两轴、四环、六区、八线"联系了城市重点职能区，如奥林匹克中心区、商务中心区、中关村核心区、南中轴地区等，凸现了旧城整体格局；联系了中心城主要商业服务设施，并与中心城绿地系统相互匹配完善。同时，"两轴、四环、六区、八线"覆盖了奥运会主要比赛和训练线路，覆盖了大部分的奥运签约酒店，联系了绝大多数比赛训练场馆，是奥运环境建设的重中之重。

当前城市建设呈现出重建筑，轻环境；重建设，轻维护；重个体，轻协调的现状，具体表现可归纳为以下四个方面：1.公共空间商业化，片面追求经济效益（如广告泛滥）；2.侵占公共空间，缺乏人性关爱（盲道被占）；3.城市痼疾顽症难以清除（如小广告）；4.缺乏统一部署，各自为政，条块分割。

3.2.11　北京CBD黄昏

规划坚持以"高品位、低成本；讲实用、易维护；能承受、可推广"为指导。以北京城市总体规划为总的指导；坚持以人为本；坚持勤俭办奥运；坚持实事求是；坚持正确理解历史文化等原则。规划整治内容归纳为影响市民使用和视觉观瞻的城市公共空间环境的10个方面：包括建筑界面、道路交通、绿化植被、市政设施、夜景照明、广告牌匾、城市家具等10大类。

鉴于以上情况，本次"概念规划"把北京城市公共空间环境的整治和提高作为重点，提出了侧重整体、兼顾局部、兼顾建设；侧重结构、兼顾细节；侧重方法、兼顾意向；侧重减法、兼顾加法的工作定位。总结了"基本分析——概念定位——核心问题——策略措施——示范案例——项目库"的研究方法和工作步骤；系统提炼出了"建筑界面、市政设施、绿化植被、城市家具"等十类环境整治要素；并在此基础上总结了117项具体问题，提出了135规划整治措施，形成了"北京市环境整治通则"，以此指导全市工作。

在以上工作方针和"通则"的指导下，对"两轴、四环、六区、八线"等20个对象逐个研究，形成概念规划方案，指导下一步的实施。本次规划广泛达成了共识，指导全市环境整治的深化实施，环境整治工作进一步法制化、规范化。

在"概念规划"向市委、市政府汇报并获得通过后，北京市有关部门组织各区主管部门和相关人员进行培训，将规划思路、规划通则及每个对象的策略措施深入贯彻，从操作层面获得了广泛的共识。在北京规划展览馆进行了专门的"环境建设规划展览"，征求市民意见，起到了宣传作用。在"概念规划"的指导下，全市各有关部门、各区县积极开

3.2.2 辉煌的故宫角楼

展环境建设的深化工作，设计工作于2006年年底初步完成，其中北二环带状公园、西二环样板示范街、东单北大街的试点工作已经完成，获得了有关各方的好评。同时，关于环境整治中的重要部分—城市家具，进一步以北京市地方标准的形式法制化、规范化，完成了《北京市城市道路公共服务设施设置规范》。

北京以什么样的城市风貌迎接奥运盛会？能否体现出整洁、优美、和谐有序的城市环境理念？在奥运会开幕倒计时900天的时候，市“2008”环境指挥部作出了一项重要决定：选取西二环路（西城段）作为全市奥运环境整治示范工程，按照奥运会城市环境建设的标准和要求先期进行整治，以便为全市重点大街、重点地区的奥运环境整治摸索标准、探索机制、积累经验。

万事开头难，更何况西二环路（西城段）近五公里长，北起西直门南止西便门，道路东、西两侧涉及约150栋建筑，整治内容涉及步道系统、导向系统、公共服务设施系统、绿化系统等诸多方面，千头万绪的工作令人棘手。

整治未动，规划先行。为了制定一张科学蓝图，市“2008”环境办邀请了北京市建筑设计院、北京城市规划设计研究院、北京清华城市规划设计研究院、清华大学工艺美术学院、北京城市雕塑建设管理办公室、中央美术学院、北京市政设计院等9家专业设计单位共同参与设计工作，从规划设计、建筑设计、市政设计、景观设计、广告设计，夜景照明等六大系统全面展开，自1月14日开始，历时两个半月，召

3.2.4 北京东三环三元桥

3.2.3 北京SOHO现代城

3.2.5 新建筑与古建交映生辉

3.2.6 北京东二环新建筑

3.2.7 北京老城墙

3.2.8 北京老城墙

3.2.9 北京798艺术区（一）

3.2.10 北京798艺术区（二）

3.2.11 北京酒厂艺术区

3.2.12　北京宋庄艺术区

3.2.13　北京潘家园市场

3.2.14　北京金融街

3.2.17　北京西外大街

开近20次专题会，广纳博采，焚膏继晷，终于完成了西二环区段的环境整治设计导则编制工作。

设计导则从改善建筑形象、整合道路设施、改善园林绿化景观、优化公共设施布局、建立明晰规范的标识系统、完善夜景照明和提升城市文化品质等方面，分析道路两侧普遍性和特殊性问题，规范了整治的实施细则，展现了典型案例任务的发展前景，使将来各个独立项目的设计和实施都有据可循。通过大量的现场调查和研究，这一区段需要拆除的违法广告102块、违法建设48处；需要整顿的棚、厅、阁、栏164个；需要加宽的人行道3.2公里；需要入地的杆线387根、线长5公里；沿途17座公交中途站需整改；需要提升的绿地25万平方米；需要拆改的雕塑2座，新建雕塑3～4处；30栋楼房的夜景照明需整改、61栋楼房需新建夜景照明；60栋公建、52栋住宅外立面需要改动。设计导则共计470页，图纸441张，为方便沿线单位了解环境整治成果，特别委托水晶石公司制作了60分钟和36分钟多媒体各一套。工作之缜密，由此可见一斑。

这次整治，无论是总体整治方案、整体风格设计，还是人行行道、步道灯、坐椅等细微设计，都体现了以人为本和创建和谐社会的思想。比如贯通沿线盲道、增加绿化面积、拓宽人行步道、减少"城市家具"数量、增添果皮箱等，得到了广大市民的普遍认可。

通过对西二环示范街环境整治实践，积极探索了当下环境整治建设标准、资金筹措、如何做好市民工作、建立长效管理机制等方面的问题，为全市环境整治积累了非常宝贵的经验（图3.2.17～图3.2.18）。

三、胡同的再生

北京的风骨在旧城，旧城的经脉是胡同。北京有多少条胡同？"有名的胡同三千六，没名的胡同赛牛毛。"据1949年的统计数据，北京有胡同6074条。2003年年底，北京市地方志办公室在其编纂的《北京胡同志》一书中披露，北京旧城共存胡同1928条。两年后，2005年，北京城市规划学会在其所编的《北京胡同规划研究》中统计，北京老城区的胡同只剩下1571条。又过了不到两年，2006年12月，北京建筑工程学院对二环路以内的1320条胡同实地调查后报告，北京旧城只有430条胡同完整保留了传统格局，其余胡同或被部分拆除或已被全部改建。

胡同是老北京之魂。失去胡同的北京旧城，其韵味将荡然无存，历史风貌将消失殆尽。目前北京的胡同亟待保护。

2005年1月，国务院批复的《北京城市总体规划》明确了"对旧城整体保护"的原则，明确提出"积极探索适合旧城保护和复兴的危房改造模式，停止大拆大建。"胡同不再被

3.2.18　西二环看金融街

3.3.1　北京钟鼓楼

3.3.3 北京后海

3.3.2 北京四合院

3.3.5 北京胡同（二）

3.3.4 北京胡同（一）

3.3.7 北京胡同（四）

3.3.6 北京胡同（三）

3.3.8 北京胡同（五）

看作城市的包袱，而被视作历史文化遗存。实施多年的“旧城改造”也悄然变为“旧房改造”。

2006年北京市发布《北京胡同整治指导意见》。根据这一文件，历史文化保护区的胡同整治，要保持胡同原有格局和传统风貌，拆除违法建设，完善基本市政基础设施，修复历史原貌，提升环境质量。非历史文化保护区的胡同，通过整治将达到干净整洁、道路通畅、设施完好的目标。截至2007年底，北京完成旧城内567条胡同的环境整治，2008年再整治350条，北京旧城近千条胡同环境面貌明显改善。

这次胡同整治，摒弃了过去旧城改造“大拆大建”的做法，在“整体保护”理念指导下，循序渐进，有机更新，将仅存的胡同保留下来。从已完成整治的南锣鼓巷、东四四条、国子监街、什刹海地区的胡同，人们又看到久违的传统胡同风貌：沿街私搭乱建的棚子被拆除，道路铺上新的柏油，路肩铺上步道砖；破损的墙面被精心修补，墙面贴上仿古面砖或粉刷灰色涂料；沿街民居安上老式的木格窗，窗户上装有瓦檐状的雨搭；居民的院门修复后油成朱红色，门上贴着传统楹联；大门口安放着门墩儿，门前的台阶重新衬砌；宅院的门楼重新修整，一些昔日名门府邸的门楼再现精美的砖雕。整治后的胡同通透豁亮，古朴盎然，一条条胡同得到复兴和再生，人们从中依稀看到古城的轮廓，感觉到老北京独特的文化气息。原来胡同也可以装扮得如此精致。

胡同漂亮了，还要顾及胡同中的院落。于是在胡同整治的基础上，2007年11月北京又启动了“旧城区街巷综合整治改造修缮工程”。首批涉及旧城范围内东城、西城、崇文、宣武四个区40多条胡同、1474个院落、9635户居民，将环境整治从胡同进一步延伸到院落、居民住房。由政府出资，对危旧房屋进行翻挑大修、屋面整修，以使房屋结构安全，外观整齐整洁，确保正常使用。这是新中国成立以后北京旧城区规模最大一次旧房改造，为此市政府安排了10亿元专项补助资金。

3.3.9 北京胡同（六）

3.3.10 北京胡同（七）

结合旧房改造修缮，一并安排煤改电、雨污水管疏通改造、供水户表改造等工程，解决旧城老院落市政基础设施不足，群众生活不便问题。以煤改电为例，截至2007年11月，二环路内已有3.7万户居民采暖实现了煤改电，主要集中在南锣鼓巷、什刹海地区等历史文化保护区内。电采暖主要采用蓄能式电暖器，低谷电费为0.3元／千瓦·时。冬季这些地区的居民告别了祖祖辈辈使用的煤炉，取暖用上了清洁能源。

胡同的保护和旧房的修缮，不仅极大地改善了老城区内居民的居住条件，也使旧城老院落的历史得以延续，旧城的风貌得以保护。于百姓来说是个福音，于旧城保护来说更是件幸事（图3.3.1～图3.3.10）。

四、“城中村”融入城市

“城中村”是高速城市化过程中出现的一种特殊现象。“城中村”是指在城市建设高速推进和城市化进程中，发展的不均衡导致出现了一些处于现代化城市管理死角、生活水平低下、环境脏乱差的居民区。在这些地区，基础设施薄弱，违法建设丛生，外来人口聚集，治安、生活环境恶劣。这些“都市里村庄”，既是古老历史的遗物，又是快速城市化过程中的活体。

2004年9月17日，市政府决定，从2005年起，用三年时间，对城八区和奥运场馆周边171个“城中村”实施整治。2005年整治了69个，2006年整治了80个，2007年整治了22个。按区分布：东城区8个、西城区11个、崇文区7个、宣武区21个、朝阳区51个、海淀区42个、丰台区16个、石景山区15个。

“城中村”整治项目遵循“三立足三着重”的原则，即：立足于实现城市规划，着重改善交通环境；立足于服务奥运，着重改善场馆周边环境；立足于创立和谐社区，着重改善市民居住环境。

2005年、2006年两年共对149个“城中村”实施了整治。截至2007年11月底，130个项目已基本完成，拆迁居民29052户，单位972个，拆迁建筑面积234平方米。2007年22个“城

3.4.1 北京市区鸟瞰图

中村”整治项目，拆迁7098户，单位134个，拆迁建筑面积592366平方米。

2006年2月6日，市政府召开第106次市长办公会，对“城中村”整治后腾退土地如何利用进行了专题研究。明确了“城中村”完成整治拆迁后腾退的土地，主要用于城市绿化以及电力设施、消防站、液化气站、停车场和休闲广场等市政公用设施。原则上不再安排办公楼和住宅、写字楼等商业开发项目，若确需安排办公楼和商业开发项目，须经市长办公会讨论决定。

2006年统计数据显示，2005～2006两年整治的149个城中村，共腾退土地245万平方米，绿化109万平方米，硬化3.2万平方米，改扩建道路10万平方米。在完成拆迁的98个项目中，有62块土地完成了建设，其中完成绿化的45个、完成道路建设的12个、完成停车场建设的2个、用于场馆建设的3个，其余36个项目正在进行绿化和道路建设。

“城中村”整治工作呈现以下三大特点。

一是改善奥运环境和交通状况。2006年80个“城中村”项目中，有8个奥运场馆周边项目，34个道路两侧项目，合计占地面积达161公顷，占项目总占地面积的87%。面积最大的项目是朝阳区奥林匹克中心公园关西庄北侧，占地43.49公顷。通过对这些项目的整治改造，有效改善奥运环境和交通状况。

二是坚持从中心区向外围推进。在2005年整治二环路以内26个“城中村”项目基础上，2006年在二环路以内继续安排了20个城中村项目。通过连续两年的“城中村”整治，在东城、西城、崇文、宣武二环路以内的中心区，基本消除了“城中村”。

三是注重环境建设连续性。2006年在南中轴上继续安排崇文区自然博物馆二期、崇文区和宣武区分别实施的珠市口到天桥段3个项目，北中轴安排景山西街北段项目的整治，相互联结成为一体，使中轴线上南起永定门、北至钟鼓楼一线得到全面整治。与此同时，完成了东南二环左安路至华威路段2个项目整治及北二环路西起德胜门、东至雍和宫2个项目整治，基本解决二环路绿化段带问题（图3.4.1）。

3.5.1 北京金融街

五、北京城市新貌

3.5.2 北京首体南路

3.5.3 北京西客站

3.5.4 北京南站

3.5.5 北京T3航站楼

3.5.6 北京奥林匹克公园

3.5.7 北京前门大栅栏（一）

3.5.8　北京前门大栅栏（二）

3.5.9 北京前门大栅栏（三）

3.5.10 北京前门大栅栏（四）

第四篇　北京奥运交通规划

城市交通基础设施规划为奥运会提供一流的城市交通设施，确保奥运期间城市交通的有序、畅通；同时保护环境，确保城市交通建设的可持续发展。

强调规划的超前性、科学性和可操作性。城市交通基础设施规划按其区位和服务功能划分为城际交通、市内交通和奥运场馆交通三个层次。

规划理念与指导原则

一、城际交通

（一）民航

1.机场概况

北京首都国际机场位于北京中心城的东北方向，距离市中心天安门广场25公里。机场占地960公顷，是我国地位最重要、规模最大、设备最齐全、运输生产最繁忙的大型国际航空港。首都国际机场是民用航空运输机场、国家门户机场、大型综合枢纽机场和全国航运的集散中心。航站区现有航站楼两座，T1航站楼和T2航站楼，总建筑规模为40.6万平方米，年旅客吞吐量3500万人次。

2.奥运交通与机场扩建

2008年8月北京奥运会期间月旅客量将达到556万人，大大超过现有的旅客量。为了满足奥运期间旅客量增长的需求，机场设施需要具有年旅客吞吐4800万人次的容量，因此

4.1.1　北京T3航站楼

必须对现有机场进行扩建。

为了满足奥运国际、国内交通的需求，规划新建1条跑道、1座航站楼，改造老航站楼及相关配套措施，机场规模按照满足年旅客吞吐量6000万人次、货邮吞吐量180万吨、飞机起降架次50万架次的要求进行建设。

从世界航空运输业发展趋势看，航空业的竞争就是枢纽的竞争，而枢纽机场的竞争就是机场规模的竞争，世界上旅客吞吐量排名前20位的机场均是枢纽机场。在亚洲，枢纽机场建设相继进行，区域竞争形势日益明显。从发展的战略角度出发，此次扩建工程实施后，北京首都国际机场将建成航空枢纽机场。

首都机场改扩建工程不仅是要满足2008年北京奥运会的需求，而且要根据北京发展的总体规划、与机场未来的发展相结合。根据对首都国际机场航空业务量的预测，2015年和2020年首都机场年旅客吞吐量将分别达到6000万和7200万人次，年货邮吞吐量将分别达到180万和230万吨，年飞机起降量将分别达到50万和60万架次，高峰小时飞机起降量将分别达到124和139架次。

根据机场远期客货运发展的需求，首都机场规划用地规划在现状机场占地的基础上，向东、南、北三个方向新增机场建设用地。总规划用地范围西起空港工业区、东至东六环、南起李天路、北至顺平路，规划总用地2410公顷。目前占地961公顷，本期扩建用地672公顷。

北京首都机场扩建工程项目由在现状东跑道以东新建T3航站楼和第三条跑道，在机场现状用地的北侧新建机场货运和航空公司、专机楼迁建以及相应的机坪、工作、生活和交通等配套设施等工程组成。

北京首都机场现有的内外部道路交通设施是按年旅客吞吐量3500万人次规划建设的，为满足2008年北京奥运会期间对机场吞吐量的需求和机场未来发展年吞吐量的需求，因此改扩建工程首先对内外部道路交通设施进行了规划设计。根据“一次规划、分期实施”的原则，本次规划分为近期和远期。近期年限以2015年为机场扩建目标年，年旅客吞吐量6000万人次；同时考虑远期年旅客吞吐量达到7000万～8000万人次的可能，为机场远期发展留出余地。

规划设计本着配合首都国际机场的改扩建工程，综合协调机场扩建与城市土地使用、道路交通、市政基础设施、环境的关系，妥善解决机场扩建与地方发展的矛盾，为机场扩建创造良好的外部条件以促进区域发展为原则，制定了“专网专用”、“四流畅通”、“四点相连”、“六线成网”、“路轨共运”的规划目标，即：分流过境交通，避免过境交通利用场区内交通资源；满足出入境的客流、货流、专机区及场区内部对外交通衔接的畅通；满足T1、T2、T3航站楼和专机楼相互间的衔接；将机场高速、机场第二通道、六环路、李天高速联络线、顺平路、货运路形成道路网；形成道路网与轨道交通、内部捷运系统共同承运交通的交通组织模式。

3、交通保障

（1）交通流向

根据机场布局规划，将三个主要出入口设置在南北两侧，其中南侧设置了两个客运出入口，北侧设置了一个货运出入口。由于首都机场位于北京市区的东北方向，根据机场内部出入口的布局，将进出机场的交通划分三条通道：西南通道为市区大部分地区向东北方向与机场联系的主要通道；东部通道为市区东部、东南部地区向北与机场联系的通道；北部通道为市区北部地区直接向东与机场联系的通道。北京市远郊区县（主要是指六环路以外地区）及外省市（如天津地区）车辆可通过六环路到达首都机场。

4.1.2 人流

（2）客运走廊与货运走廊

机场目前的周边路网中只有机场高速公路能提供西南通道交通流向需求，东部通道及北部通道尚需通过新建道路解决。因此规划了机场二通道和机场南线，即增设对外交通接口，开辟机场第二通道直达T3航站楼；新建机场南线，形成快速交通网，不仅可提高机场与市区联系的能力，同时也通过六环路、李天路、京顺路、京承高速及顺平路，形成机场与对外高速放射线联系的快速路网，相应也增设机场往东、西、北三个方向的出入口。

在机场北侧新建机场北线，西起京承高速、接至机场北部货运区。

（3）轨道交通规划

规划新建从东直门直达机场T2、T3航站楼的轨道交通——机场线。

4.1.3　地铁10号线北土城站入口

4.1.4　地铁10号线车厢内景

（二）铁路

1.概况

北京市铁路枢纽是全国大型的铁路枢纽和网络中心。经过多年的建设，北京铁路枢纽有了较大的发展。现衔接京广、京九、京山、京泰、京承、京通、京包、丰沙、京原、大秦10条铁路干线，与我国东北、华东、华中、华南、西南部地区相连，枢纽内各干线经大型客运站和货运编组站及东南、东北、西北等环线、联络线连接，形成了辐射式环形铁路枢纽。枢纽内铁路营业里程为1140.9公里。

北京铁路枢纽现有车站百余个，其中北京站、北京西站为主要客运站，北京南站、北京北站为辅助客运站，丰台西站为路网性编组站，丰台站、双桥站、三家店站为枢纽辅助编组站，石景山南站，广安门站、大红门站等为工业站或较大的货运站，其余为一般车站。

2.奥运交通与铁路规划

根据奥运交通、中心城城市建设发展和城市交通变化的情况，满足铁路提速、发展快速多层次旅客运输系统的要求，对既有铁路客站使用功能进行必要的整合和调整。结合“两轴、两带、多中心”的城市空间结构，铁路枢纽规划要对新城，特别是东部新城给予有力的支持，以促进新城的发展。铁路出行是城市对外交通出行的重要出行，北京铁路枢纽连接全国各大主要城市，缩短中长途旅行时间、提高旅行舒适程度是旅客的普遍需求。

客运站按“四主两辅”6个主辅客站规划布局。其中，北京站、北京西站、北京南站和北京北站为枢纽的主要客站，丰台站和新北京东站为枢纽的辅助客站。

根据铁路枢纽主、辅客站功能布局及分方向组织运输

4.1.5　奥运专线地铁通道内景

原则，逐步对枢纽5座客站的使用功能进行调整，加紧实施北京南站和北京北站的整体改造。根据东部新城发展需要，保留北京东站发展为主要客站的可能。

3.北京南站规划与设计

（1）项目概况

北京南站位于崇文区及丰台区交界处，原为北京站、北京西站的辅助客运站。北京市总体规划中将其调整为主要客运站，主要承担京津城际大部分旅客列车、京沪高速铁路旅客列车、部分普速列车及市郊铁路旅客列车的到发任务。北京南站是集国有铁路、地铁、市郊铁路和公交、出租、私家车等多种交通组织方式为一体的大型综合交通枢纽。

北京南站预测2030年高峰小时到达客流量为3.08万人次，其中京沪高速1.1万人次、京津城际0.9万人次、普速列车0.06万人次、市郊列车1.02万人次。

（2）规划设计

北京南站的设计中体现了集成和整合的理念，使之成为一个高效、有机、和谐的系统。北京南站是由铁路、市郊、地铁等轨道交通与公交、小汽车等城市交通体系综合而成的交通枢纽。内外部交通组织的设计使车站与城市路网紧密地联系在一起，在车站的四个方向上，都有道路和匝道通向城市道路，同时地下一层的换乘空间也为南北广场提供了便捷的联系，从而形成在各方向上都面向城市的开放的车站。车站自然地融入城市之中，为北京增添一座永远开敞的城市大门。

受周边环境及目前外部路网交通现况影响，北京南站的客流疏散倡导公共交通为主体，其他疏散方式为补充的原则。公共交通承担客流疏散比例为80%，主要为公交、地铁4号线及地铁14号线。考虑项目所处位置建设用地紧张的客观情况，规划设计中尽量压缩规模，减少征地拆迁，减少对城市空间的侵占与破坏。优化站场布置，压缩建筑的规模和体量。在不影响交通的前提下，优化外部路网方案，达到经济、拆迁、功能的平衡。

北京南站由铁路站房、铁路站场、站前广场、连接立交匝道和外部道路系统组成。旅客进出采用“上进下出”的运行模式，根据车站建筑的功能布局，进站旅客到二层落客区

4.1.6 北京南站全景

4.1.7 北京南站内景1

4.1.8 北京南站内景2

候车，出站旅客从站台步行到地下一层的大厅进行换乘。

（3）建筑功能布局

北京南站站房共分5层，由地上2层、地下3层以及高架环形车道组成。高架层主要通行出租车和社会车辆，地面层主要通行公交车辆以及旅客进站，地下一层是换乘大厅、停车场以及旅客出站系统，并且预留了与城市铁路连接的车站。地下二层是地铁4号线车站，地下三层是地铁14号线车站。

（4）铁路站场

铁路站场横列布置，从北往南依次为普速车场（3台5线）、京沪客运专线车场（6台12线）、京津城际轨道交通专场（4台7线）。在各站台中部设有通往高架通廊的旅客进站通道，并设有通往地下出站厅的旅客通道，以方便旅客换乘地铁、公交。

（5）站前广场

南站站前立场按位置分为南、北两处广场，两处广场均与车站站房的地面层、地下层相接，满足人行系统的交通换乘。北广场位于北京南站与站前街之间，中间为集散广场，东西侧分别为阶梯状景观绿化广场，围绕着集散广场和东西侧绿化广场的是北广场进站路。在阶梯绿化广场的东西侧为进入主站房的匝道。广场北侧为自行车停车场，乘客停车后可由停车场经楼梯直接进入广场地面层。南广场为一狭长地段，站房前为公交落客、接客站台；靠近马东路为公交车驻车场。

（6）外部道路交通

根据南站周边南二环、南三环、马西路、马东路四条道路的交通运行情况，南站的外部进出口是按不同车种进出口分离使用为原则设置的，四条路上均设置了小车的进出口，在其中的马西路、马东路上设置了公交车的进出口。

（三）公路

为了满足奥运会期间公路交通的巨大需求，按照《国家高速公路网规划》，构筑区域高速公路网络，加强京津冀地区城市之间及与周边沿海港口、航空港之间的交通联系，强

4.1.9 北京南站内景3

化北京与天津主轴之间的快速复合型交通走廊的规划建设，统筹区域经济发展。在已形成国家干线公路网基础上，合理布局中心城与新城以及新城之间的干线公路联系通道，重点考虑东部发展带新城之间以及东部发展带新城与南部新城、北部新城之间交通联系，调整过境交通走廊。

1．公路网规划布局

在“国家公路网”层面上，服从于《国家高速公路网规划》和国道主干线及区域经济干线布局，其功能为服务于全国性的客货运输。在京津冀区域层面上，作为京津地区之间的快速交通联络通道，其功能除保障过境交通畅通外，兼顾北京市和京津冀区域内地级以上各城市有便捷的高速公路相沟通，尤其要强化京津之间的交通联系，强化北京市对外辐射功能。

国家干线公路网络采用以北京为中心的放射线与横线和纵线相叠加的路网布局，作为整个区域的公路联系通道。重点完善《国家高速公路网规划》中北京市内的“7条首都放射线和1条纵线”的布局结构。

“7条首都放射线”为：北京至上海高速公路；北京至台北高速公路；北京至港澳高速公路；北京至昆明高速公路；北京至拉萨高速公路；北京至乌鲁木齐高速公路；北京至哈尔滨高速公路。在北京市内为四个方向的交通走廊，即东南方向京津交通走廊、西南方向京石交通走廊、西北方向京张交通走廊和东北方向的京沈交通走廊。

“1条纵线”为大庆至广州高速公路，在北京市内为京承高速公路和京开高速公路两个走廊。在此基础上，完善北京市内其他国道系统对外放射线，形成以高等级公路为主的对外交通走廊。

加强区域范围内核心城市之间，以及核心城与中心城之间的区域性高速公路网络建设，形成区域内高速公路和普通公路网络系统，形成北京市与区域内重点城市之间的均有双通道或多通道的布局结构。突出京津发展主轴公路通道建设，培育和发展两城市的区域辐射职能。建设京津之间的多通道联系格局，充分发挥京津发展主轴上重大交通基础设施的作用。

北京市公路网采用放射状，并辅以环线及联络线相结合的布局结构，形成以国、市道等主干线公路组成的放射线、联络线与环路相结合的公路网主骨架，以县乡公路为支脉的全市公路网系统。

增加重要公路设施建设工程——京津第二高速工程

2．公路规划与设计

（1）机场第二通道

机场第二通道是利用现状东苇路和金盏东路的线位设置高速公路，并向北延伸直通机场T3航站楼。该通道穿过东坝和定福庄两个边缘集团，南端与规划京津第二通道相连接，全长27.2公里。

规划机场第二通道可与姚家园路（京平高速公路）、京通快速路、京沈高速公路、京津第二通道等高等级道路，以及若干条主干路（朝阳路、朝阳北路、东坝南二街、亮马桥等）相连通。建设机场第二通道可起到充分发挥地区道路网系统整体优势的作用，共同承担去往机场的交通流量，减轻东三环路、东四环路的交通压力。同时可为东部发展带与市区、机场及其他新城提供交通联系通道，与京津第二通道实现联系，达到有效集散车流的目的，还可为地方交通联系提供条件。

机场第二通道设计标准为城市快速路，设计速度为100公里每小时，道路红线宽80米，全线主路均为双向六车道加连续停车带，路基宽度为33.5米。辅路设计标准为城市主干路，设计速度为50公里每小时。辅路原则上沿主路两侧布设。

全线设置互通立交7座，即：机场南线、温榆河大道、东坝大街、东坝南二街、姚家园路、北小河东路、驹子房路、五环路立交，其中机场南线、姚家园路、五环路处设枢纽互通立交，其余处设一般互通立交。全线还在机场第二通道与温榆河、坝河相交处分别新建跨河桥各1座。

（2）机场南线

机场南线是连接京承高速公路、首都机场高速公路、机场第二通道和东六环路的高速通道，它位于现况李天路的南侧，西端与京承高速公路相接，东端与六环路相连，道路全长约17.9公里。它的建设可以保证4条高速道路上的车流衔接顺畅，更方便到达T1、T2、T3航站楼。

机场南线建成后可增加机场东、西方向进出通道，同时分流机场高速的交通流，起到一条高速联络线作用。它可解决京承高速、机场高速、机场二通道、六环路的交通转换，与东北六环路、京承高速一起在机场周边形成高速环线，截流机场范围过境交通。

机场南线为高速公路标准，设计速度为100公里每小时，道路红线宽80米，全线除机场高速公路至机场第二通道段主路为双向八车道加连续停车带，路基宽度为42米外，其余路段主路均为双向六车道加连续停车带，路基宽度为34.5米。

全线设置互通立交6座，这其中包括与京承高速公路互通的京承高速公路立交、满足与机场T1、T2、T3航站楼之间交通转换的机场高速公路立交、与首都机场第二通道互通的机场二通道立交、与东六环路互通的六环路立交。全线还设有跨河桥等其他设施。

二、市内交通

（一）道路网系统

中心城道路网规划格局采用网与环路、放射线相结合的布局，在旧城布置4条横贯东西和3条纵贯南北的主干路，在旧城外布置3条快速环路、1条高速公路环路；17条快速路放射线和2条快速联络线；18条主干路放射线和区域性干道，共同构成中心城道路系统的骨架。

1．旧城主干路系统

旧城主干路系统4条横贯东西的主干路是：（1）平安大街（官园桥至东四十条桥）；（2）东西长安街（复兴门至建国门）；（3）前三门大街（西便门至东便门）；（4）广安门大街（广安门至广渠门）

旧城3条纵贯南北的主干路是：（1）西单南北线（新街口豁口至开阳桥）；（2）东单南北线（雍和宫桥至玉蜓桥）；（3）赵登禹路、太平桥大街、长椿街、牛街和右安门内大街，北起西直门内大街，南至南二环路。

2．中心城环路系统

中心城区有3条快速环路即：二环路、三环路、四环路。1条高速公路环路，即五环路。

4.2.1　北京新地铁

二环路是为阻截车辆穿越旧城，减少旧城道路交通压力设置的环路，它位于旧城外围，基本沿旧城城廓，全长33公里。

三环路位于中心城的中部，距市中心5.5～8公里，全长48公里。主要联系中心城的居住、商务和交通枢纽等地区，是服务于城市的主要客运交通通道。

四环路是联系中心地区的居住、科教、文化等地区的快速客运通道，距市中心8～11公里，全长65公里，为城市跨区域交通提供快速交通服务。

五环路为公路放射线的起点，主要功能是疏导外围过境交通和中心城边缘集团之间的联系通道，也是中心城货运交通的重要通道。线路位置距市中心12～16公里，线路全长98.6公里。

3．中心城快速路系统

中心城快速路系统由17条快速线路放射线和2条快速路联络线组成。

17条快速线路放射线包括：

（1）京承高速公路，由三环路太阳宫桥起，向北经望京西侧、顺义空港城西侧通往承德方向，五环路以内为城市快速路，五环路以外为高速公路。

（2）京顺路，由四环路四元桥起，经望京东侧，顺义新城通往承德方向（与101国道衔接）。

（3）机场高速公路，由二环路东北城角起至首都国际机场，是中心城和首都国际机场之间的专用快速通道。

（4）姚家园路，由东三环路长虹桥起，向东经东坝边缘集团，通往平谷新城（与京平高速路衔接）。

（5）通惠河北路和京通快速路，西起东二环路，经中央商务区（CBD）南侧，定福庄边缘集团、通州新城至山海关（与102国道衔接）。

（6）广渠路，由东四环路大郊亭桥起，向东经定福庄边缘集团南侧通往通州新城。

（7）京沈高速公路，西起东四环路四方桥，向东经通州去往沈阳方向，五环路以内为城市快速路，五环路以外为高速公路。

（8）京津塘高速公路，由二环路东南城角起，经马驹桥、永乐通往天津、塘沽方向，五环路以内为城市快速路，五环路以外为高速公路。

（9）蒲黄榆路南延，由二环路玉蜓桥起向南经方庄地区、南苑边缘集团通往济南方向（与104、105国道衔接）。

（10）京开高速公路，由西南二环路菜户营桥起，向南

4.2.2 北京快速公交工程BRT1

4.2.3 北京快速公交工程BRT2

经大兴新城通往开封方向，五环路以内为城市快速路，五环以外为高速公路。

（11）丰台北路，由西南二环路菜户营桥起，向西经丰台边缘集团，与京石高速公路衔接，通往石家庄方向。

（12）莲花池东路及其西延长线，东起西二环路天宁寺桥，向西经石景山衙门口通往山西原平方向（与108国道衔接）。

（13）阜石路，由西三环路航天桥起，向西经石景山、门头沟通往大同方向（与109国道衔接）。

（14）万泉河路，由西三环路苏州桥起，向北经圆明园西侧通向海滨山后中关村科技园发展区。

（15）京包高速公路，由北四环路起，向北经上地、中关村科技园发展区、昌平新城通往包头方向，五环路以内为城市快速路，五环路以外为高速公路。

（16）八达岭高速公路，由德胜门经清河边缘集团、回龙观地区、昌平、延庆新城通往张家口方向，五环路以内为城市快速路，五环路以外为高速公路。

（17）安立路，由五环路仰山桥起，经北苑边缘集团、小汤山通往丰宁方向（与111国道衔接）。

2条快速路联络线包括：

（1） 西直门外大街及其西延长线，由二环路西直门桥起，向西至西五环路杏石口桥，是环路之间的快速联络线。

（2） 学院路，由二环路西直门桥向北至北四环路学院桥，是环路之间的快速联络线。

4. 中心城主干路系统

中心城主干路系统由主干路放射线和区域性主干路两部分组成。主干路放射线发挥快速路放射线的辅助功能，中心城内共有18条主干路放射线。区域性主干路是指在中心城内环路之间布设的主干路系统。主干路和快速路系统共同构成覆盖中心城各区域分布均衡的道路骨架。

次干路和支路系统规划：

根据城市道路设计规范要求，在快速路和主干路之间，布置布局合理、疏密得当的次干路系统。

为方便居民出行，在干路之间布置密度合理，间距适中的支路系统。中心城支路总长度应占路网道路总长度的40%～50%。

增加道路设计内容，机场外部道路/北京南站/奥运中心相关的城市道路设计内容。

（二）轨道交通

北京是我国最早建设地铁的城市，1969年根据战备的需要修建了中国第一条地下铁道，随后建成了目前的环线M2和M1，它在城市交通中发挥了重要的作用，特别是环线M1更是促使石景山沿线由一片田地变成了繁华街道。但在很长一段时间里，地铁建设都处于半停顿状态，直至2000年才逐步进入了大规模建设阶段。至2003年底，北京地铁运营线路114.1km（包括试运营线路八通线），日平均承担客运量132万人次左右，总体上仍然处于较低的发展水平。由于面临巨大城市交通问题，北京市政府加大了对于轨道交通的投入，城市铁路、八通线相继建成，5号线于2002年开工建设，地铁建设将迎来高峰期，这是顺应城市交通需求，也是2008年奥运会成功举办的基本要求。但如何保证高强度下轨道交通建设可持续发展，需要对北京的轨道交通建设进行规划。为此，结合国家关于加强城市轨道交通建设的指示精神（国办发[2003]81号文），由北京市政府立项，北京规划委员会在各部委的协助下，组织北京城建设计研究总院、北京市城市规划设计研究院及北京市政工程设计研究总院编制了《北京市城市快速轨道交通建设规划》。

借鉴国内外轨道交通发展经验与教训，引入线网编制先进理念和创新手段，制定科学合理的规划线网。远景规划网要根据城市布局的要求，支持城市发展，满足未来北京建设成为国际大都市交通出行的需求。为了适应城市未来建设发展中的某些不确定性的情况，远景规划线网应具有一定的发展弹性。近期建设规划着眼于对中心城中心地区及中关村、中央商务区和奥运公园等为代表的城市重点建设地区的支持；同时，尽快构筑起中心城轨道交通网络骨架，注重发挥网络运营效率。

从有利于中心城建设和新城发展出发，协调并处理好"改善中心区交通""交通引导城市发展"的关系。通往新城的轨道交通，宜采用较大车站间距，并安排大站快车，以满足不同交通需求，提高新城吸引力。考虑轨道交通线路与客运交通相应吻合和降低工程投资两大因素，轨道交通线路尽可能沿城市道路布设。线网规划中要兼顾线路运营组织，为今后合理运营创造条件。

1. 轨道交通功能与层次

轨道交通是城市公共客运交通系统中的骨干运输系统。轨道交通运输系统具有快速、准时、安全、大运量、舒适性高的特点，主要承担中长距离的交通出行。在调整城市空间结构和促进城市合理布局方面，轨道交通具有积极引导作用，可以支持边缘集团和新城的发展。在旧城建设强有力的轨道交通运输系统，吸引乘客乘坐轨道交通出行，以弥补旧城道路系统的不足与缺陷，有利于历史街区和古都风貌的保护，支持城市可持续发展。

轨道交通系统规划为两个层次。第一个层次是以地铁为主、轻轨为辅组成的中心城轨道交通运输系统，其服务范围是中心城中心地区、边缘集团及距离较近的新城；第二个层次是市郊铁路运输系统，其服务范围是新城、及新城至中心城之间沿线地区。

中心城轨道交通线路主要采用快速大容量的地铁运输系统，在较小的客流交通走廊上，少部分线路采用中运量轻轨系统。市郊铁路采用车辆和系统制式有待于在发展市郊铁路的过程中加以确定。其原则是采用先进技术，发展符合中远途客流运输要求的市郊运输系统。

2. 线网规划目标

（1）提升城市交通服务水平，轨道交通成为城市公共客运交通体系中的骨干运输系统。面对未来发展，北京城市总体规划提出，要进一步完善城市道路网和轨道交通网，建立以公共运输网络为主体、以快速轨道交通为骨干的综合交通体系。

（2）轨道交通要成为承担中远途交通出行的主要方式。伴随着城市用地功能的调整和城市建设的两个"战略转移"的实施，人们的活动范围和出行距离都将扩大趋势，而伴随着城市经济实力的增强和城市人口的增加，城市客运交通出行也将呈快速增长态势。轨道交通具有快速，准时，大动量、舒

4.2.4 奥林匹克公园地铁站

4.2.5 地铁奥运专线内景（一）

4.2.6 地铁奥运专线内景（二）

适性高的特点，将为承担中远途交通出行的主要方式。

（3）支持边缘集团和新城镇的发展，促进“两个战略转移”的实现。在对北京城市中心区进行调整改造的过程中，将对过密的城区人口实施外迁，在今后相当长的一段时间内，中心城外围的边缘集团和新城镇将成为重点建设地区。在调整城市空间结构和促进城市合理布局方面应积极发挥轨道交通的引导作用，轨道交通线网对各边缘集团与新城镇要形成有力支持，促进“两战略转移”的实现。

（4）弥补城区道路系统的不足与缺陷，促进城市中心区的发展与繁华。北京城区棋盘式格局的道路网存在断头路多、道路密度低、调节交通能力弱等不足与缺陷。有限的道路供给能力难以对城市中心地区的社会活动和经济发展提供有力的支持，制约了城区许多地区的商业繁荣和旅游事业的发展。

3．线网规划理念

（1）远景线网满足未来交通需求、具有发展弹性。北京城市总体规划中明确，城市建设要实现两个战略转移，即城市建设重点要从中心城向远郊区转移，中心城建设要从外延扩展向调整改造转移。轨道交通远景规划线网要根据城市总体布局的要求、体现城市发展战略，满足未来北京建设成为国际化大都市交通出行的需求，同时，为了适应城市未来建设发展的某些不确定情况，远景规划线网应具有一定的发展弹性和可变余地。

（2）近期方案支持重点地区建设，注重网络效率。轨道交通近期建设规划要着眼于对中关村、金融街、CBD奥林匹克公园等为代表的城市重点建设地区的支持，为缓解交通供需矛盾，尽快解决道路交通拥堵的状况，应在中心城内尽快构筑起轨道交通运输线网骨架，注重发挥其网络运输效率。

（3）发挥轨道交通导向作用。目前，北京中心城居住人口、就业岗位和商务活动大都集中于四环路以内的城市中心地区，边缘集团和周围的新城建设发展水平不高是导致城市活动集中于中心区的重要原因之一。在利用轨道交通引导城市发展和改善中心区交通的关系上，根据城市建设发展的需要，应采取“改善中心区交通”和“引导城市向外发展”并重的策略。

（4）线网规划中要考虑可实施性。轨道交通线网规划中要考虑可实施性。可实施性主要包括线路、车站的工程可实施性和线路运营组织的可行性。

（5）为合理运营创造条件。轨道交通建设的根本目的是为乘客提供便捷的出行服务。在线网规划阶段就要有目的地为将来线路建成后的运营服务创造有利条件。主要表现为：线路走向与客流走廊的一致性，车站设置与大规模客流集散点的吻合性；轨道交通与地面公交换乘的便捷性；以及合理确定线路形式、线路长度与车站间距，为日后安排运营交通、提高旅行速度、降低运营成本、保证运行安全创造良好条件。

4．线网规划内容

（1）中心城轨道交通线网。在1999年版线网基础上进行优化调整，规划线网由若干条东西方向和南北方向的直径线路、两条对角线方向的线路和两条环线组成，线路末端延伸至边缘集团或新城，线网布局呈形态双环棋盘放射形式，保留了原线网棋盘式的格局。

（2）增设了第二条环线。随着北京城市建成区的发展扩大，北京既有地铁环线覆盖面积过小、其疏解分流功能变弱的问题越发突出，其三要表现是：中心区外围三环路、四环路上的交通量持续增长，一个比既有环线直径更大的环状客运交通走廊正在三环、四环路一带形成。基于此，在中心区外围地区增设了第2条环线。

（3）增设两条对角线。在规划中心城的四个对角方向上安排了若干重要的规划建设地区，在东北方向上有望京（酒仙桥）边缘集团、首都机场、西北方向上有西苑边缘集团、中关村科技园区、西南方向上有丰台，东南方向上有垡头边缘集团、亦庄经济技术开发区。由于上述地区处于城市的对角方向上，其交通出行受到棋盘型城市道路的制约。根据交通出行调查，中心城客运交通呈“米”字形格局的特征，在线网调整中增设了两条斜向穿城对角线路。

（4）城区重点区域线网加密。在金融街增设了一条东西向线路，其目的是为缓解金融街的交通拥堵状况，为金融街提供高效便捷的轨道交通服务。

在光华路和东三环路上增设了横向、纵向两条穿过CBD地区的线路，两条线路在CBD中心垂直相交，加上北侧朝阳路、南侧建外大街上的2条轨道交通，CBD地区共安排了4条轨道交通线路，以增强该地区的轨道交通服务水平。

在北京站增设了一条南北方向的线路，以改善北京站与中心城交通接驳条件，缓解北京站地区地面交通的拥堵状况。

在南城增设了一条东西方向的地铁线路，以提升南城地区轨道交通服务水平，方便南城地区居民出行。

经过调整完成的北京市中心城轨道交通规划共由16条地铁线路以及7条轻轨线路组成。中心城轨道交通规划线路长度为763.4公里，其中在四环路以内规划线路长度为334.6公里，线网密度为1.08公里/平方公里；二环路之内规划线路长度为101.5公里，线网密度为1.64公里/平方公里。

5.轨道交通设计

5号线/10号线一期/奥运支线/机场线（设计内容）。城市轨道交通，既能够满足奥运会期间巨大客流量的需求，有效缓解交通拥挤，又符合绿色奥运的要求，是奥运会顺利进行的重要保证。根据北京市轨道交通近期建设规划，在2008年奥运会前北京将在原来1号线、2号线、13号线、八通线，共计里程114公里轨道交通线路基础上，再建成通车4条线路：5号线、10号线（一期）、奥运支线、机场线，累计运营总里程将达200公里。

地铁5号线南起宋家庄，北至太平庄。线路全长约27.8公里，地下线17公里，地面和高架线10.8公里。该线贯穿城市中心区，连接丰台、崇文、东城、朝阳、昌平五个城区。

全线共设23座车站，其中地下站16座，高架站6座，地面

4.2.7　地铁5号线东四站

4.2.8　地铁10号线金台夕照站

4.2.9 奥运支线奥林匹克公园站

4.2.10 奥运支线森林公园南门站

站1座。设太平庄车辆段、宋家庄停车场以及指挥中心。

地铁5号线穿越城市中心区，地下线路长达17公里。在地下深处，线路不仅要与多座地上建筑的基础交错，还要与数种地下管线等市政设施交织。除此之外，线路还需穿越多座桥梁基础、跨越地上河流，特别是在保证既有线运营的情况下，穿越地铁既有线的工程，更是具有相当的技术难度。工程建设中认真贯彻“以人为本，科技创新”的理念，在规划设计阶段对各种设计方案进行了认真的论证，除常规的设计外，实践了多项新技术，解决了多项工程难题。

地铁10号线一期是一条由北京市西北部至东南部的轨道交通半环线，经海淀、朝阳两个行政区，线路全长24.685公里，共设车站22座。地铁10号线是唯一一条与奥运支线接轨并贯通运营的线路，对北京2008年奥运会有着重要意义。开竣工时间：2004年3月18日——2008年5月27日。地铁10号线一期工程获北京市结构长城杯；北京市奥运工程落实三大理念优秀勘察设计奖。

地铁奥运支线是北京市轨道交通线网中规划地铁八号线的一部分，是一条直接服务于2008年奥运会和奥运会后奥林匹克公园地区的轨道交通线路。共设四座车站，线路起点为熊猫环岛，经奥体中心站、奥运公园站到达终点森林公园站，全长4.398公里。地铁奥运支线近期作为地铁10号线支线运营，远期为地铁8号线组成部分。开竣工时间：2006年6月——2008年6月。地铁奥运支线工程获北京市结构长城杯；北京市奥运工程落实三大理念优秀勘查设计奖。

北京市轨道交通首都国际机场线（以下简称“机场线”）是轨道交通线网规划中的L1线，连接市中心城区与机场。2000年年底，原北京市委书记贾庆林和原副市长汪光焘在视察机场高速公路的时候，贾书记提出了修建一条从市内通往机场的轨道交通的动议，当时主管城市建设的汪光焘副市长非常重视这个提议，并指示研究论证首都机场线的方案及可行性，并要求体现城市轨道交通的先进技术。从2000年至2004年，机场线进行了充分的前期研究论证。2004年12月，北京市委、市政府召开了两次专题会议，研究决定机场线有必要在奥运前建成开通。2005年，机场线动工建设。2008年7月19日，机场线与地铁10号线、奥运支线共3条轨道交通新线同时开通。

机场线全程28.1公里，从东直门站出发，途经三元桥站，直达首都国际机场2号航站楼和3号航站楼。东直门站为始发站，实现与地铁2号线、13号线换乘；三元桥站实现与地铁10号线换乘。根据线路特点，机场线第一次在北京采用直线电机运载系统，并成为首条具有无人驾驶功能的轨道交通线。机场线投资约63亿元，总体设计单位为北京市市政工程设计研究总院，建设单位为北京东直门机场快速轨道有限公司。

机场线是直接服务于北京奥运会的重点工程，被称为“国门第一线”，创造了北京轨道交通的多个第一：第一次在北京采用直线电机运载系统，最高车速可达110km/h。采用国际上最先进的列车自动控制系统，基于通信的移动闭塞全自动列车控制信号系统（CBTC），按全自动无人驾驶模式设计（包括车辆基地全自动调车作业），国内尚属首次。机场线是首次采用了高清晰数字旅客信息系统，针对机场线服务于航空旅客的特点，机场线将航空信息引入地铁车站，乘客在站内可以方便地查看航班信息，并利用信号的传输通道，实现了车地之间图像实时传输。为了改善乘车环境和节约能源，机场线是北京首次采用屏蔽门系统的项目，应急门集中两端布置，中部采用大幅面的玻璃门体，恢宏大气。机场线车站装修设计强调飞行与天空的主题，突出空间的简约与现代性，形成一条亮丽的风景。东直门站强调出传统与古朴，采用了中国红和北京灰的传统典型色彩元素，墙面上展翅的风

4.2.11　轨道交通首都机场线

4.2.12　T2航站楼站

4.2.13　东直门站

筝寓意中华民族的腾飞，装修风格极具中国特色。三元桥应用了“飞鸟”的造型元素，空间形态突出飞行的流线造型与蓝色材料互相呼，恢宏大气。2号航站楼车站无柱空间配以劈裂天空的装修主题，别具一格。3号航站楼站顶部为高挑的玻璃穹顶，空间宏大，整个装修风格和机场候机大厅相似。

2008年6月25日，胡锦涛总书记考察机场线等奥运设施。在东直门车站，他在自动售票机上亲自购买了一张电子车票登车。总书记感叹首都交通现代化水平的进一步提升，称赞广大工程建设者和技术人员功不可没。机场线的开通和顺利运行，为北京奥运会和残奥会的成功举办做出了贡献。乘坐机场线从东直门经停三元桥约需20分钟可到达3号航站楼，目前日平均客流在1.5万人次，最高日客流接近1.9万人次。机场线作为我国第一条机场专线，大大方便了进出首都机场的旅客，提升了北京及首都机场的形象。

4.2.14　地铁10号线太阳宫站

（三）公共电、汽车交通

自2001年奥运会申办成功以来，北京市紧紧抓住奥运发展契机，突出“绿色、人文、科技”的奥运理念，大力推进奥运公交基础设施的建设。

北京市交通委、市发展和改革委、市规划委、市财政局、市公安局联合制定了《关于优先发展公共交通的意见》（以下简称《意见》）。《意见》确定了发展公共交通在城市可持续发展中的重要战略地位，以及公共交通和社会公益性改造，对公共交通施行设施用地、投资安排、路权分配、财税扶持“四优先”政策。近年来，北京市委市政府不断加大交通基础设施建设力度，把优先发展公共交通作为缓解市区交通拥堵的治本之策，坚持以人为本，改善交通环境，方便市民出行。公共交通获得了快速的发展。自1997年在长安街施行规划了全国第一条公交专用道以来，近年来公交专用道以每年10～20公里的速度增加，目前已达165公里。

4.2.15　地铁10号线北土城站

1. 公共电、汽车线网规划原则

服务为本的原则。为城市居民服务是公共交通系统发展的根本目标，本次规划将贯彻“服务为本”的原则，在线网结构调整和枢纽布局方案中，一切以方便乘客为首要目标。

公平与效率的原则。公共交通作为城市基础设施，服务对象面向全体城市居民，涉及政府管理和企业运营。一方面对城市居民公平，在确保中低收入群体交通出行条件的前提下，考虑社会不同收入阶层的出行需求，另一方面，市场公平，政府发挥“培育市场、调控市场”的重要功能。

奥体公园地区、北苑及回龙观地区，北至昌平区平西府；涉及东城区、朝阳区及昌平区三个行政区。全长约为21公里。

安定门外大街及其延长线是市区北部主要的辐射性交通走廊，规划为主干道功能，红线宽60m。现况既是机动车交通走廊，同时又是服务于北部新城及边缘集团地区及周边区域的公交线路密布的走廊，在两者作用下形成了一条复合型客流走廊。

安立路在规划路网中为城市主干道。安立路的功能以疏导沿线交通为主，并作为以公共交通为主的交通集散通道。汤立路是市区通往昌平的主要干路，且中央隔离带7～22米，根据道路条件安立路快速公交线路采取中央车道形式、车道设于道路主路内侧。

安立路快速公交结合现有公交车站、沿线共设有车站25座，其中起终点站2座，换乘站3座，中间站20座。平均站距约910米，采用侧式站台，公交车辆右侧开门。起点安定门车站为二级客流集散中心，现况客流量大，具有较好的客源保证和系统优势，与2号线地铁和环线公交线网结合良好；起点王府街车站邻近回龙观大型居民区，通过支线公交的“饲喂”关系，满足回龙观小区东南向出行需要以及北部新建小区南行的需要。线路其余各站贯穿了北部地区主要客流集散点，符合居民的出行特点，并且可以整合现况沿线部分普通公交线路。

4.3.4　德胜门城楼

（四）朝阳路快速公交

朝阳路快速公交西起朝阳门桥，向东穿过朝阳门，东大桥、呼家楼、红庙客流较大区域，CBD、定福庄边缘集团、北二外等大型社区，东至杨闸环岛；涉及东城区，朝阳区两个行政区。全长约为16公里。

朝阳路沿线道路条件复杂，不同路段交通需求特征不同，朝阳门至东大桥段道路功能定位应属机动车主要通道，交通需求以普通机动车为主，BRT车道设置在主路最外侧，与普通公交车混行；东大桥至杨闸环岛段，BRT专用车道放在道路主路外侧。为了提高系统稳定性，朝阳路BRT运营线路分两条。线路1起点定在东大桥，车辆在东大桥绕行朝阳北路掉头，与地铁10号线相接，沿东三环桥下空间经呼家楼折向东，沿朝阳路至杨闸环岛；线路2车辆西延至朝阳门环岛，实现快速公交与环线地铁接驳，车辆绕行朝阳门环岛后至杨闸。

朝阳路快速公交采用朝阳门—杨闸与东大桥—杨闸两条线路平衡客流，线路一起点设置在东大桥，与地铁10号线接驳；线路另一起点设置在朝阳门与地铁2号线接驳，终点均设置在杨闸。杨闸环岛能有较好的客源保证和系统优势，且与轻轨八通线接驳，同时线路其他站点贯穿了东部地区主要客流集散点，符合居民的出行特点。

朝阳路快速公交线结合现有公交车站，共设有车站21座，其中含起点1座，线路起终站2座，换乘站2座，中间站16座。平均站距约720米。采用侧式站台，车辆右侧开门。

4.3.5　永定门城楼

（五）交通枢纽规划

“十一五”期间，北京市地面公共交通发展的主要任务之一就是改善换乘条件、建设一批综合交通枢纽工程。自2001年奥运会申办成功以来，市政府紧紧抓住奥运发展契机，突出“绿色、人文、科技”的奥运理念，大力推进奥运公交基础设施建设。先后建成或启动了动物园公交枢纽，东直门交通枢纽、西直门交通枢纽、西客站南广场公交枢纽，并对一亩园公交枢纽，四惠、宋家庄、菜户营枢纽项目进行了工程可行性和工程方案的研究。

1.枢纽布局原则

合理使用城市道路和对外公路资源，组织高效的公共交通运输体系，保证对外交通与中心城交通合理的衔接，需要在与铁路客站和长途汽车站的衔接地点设置公交换乘枢。

充分发挥轨道交通的骨干线路作用，以及地面公共交通灵活方便的特点，极大限度的方便乘客选用公共交通方式，需要在轨道交通的重点车站设置公交换乘枢纽。

在中心城内的主要交通走廊，客流转换地带设置公交换乘枢纽站。保证不同方向，不同方式的客流，能通过枢纽站这种高效的换乘设施，实现相互间的快速转换，更有效的集散客流，同时也能最大限度地方便乘客。

2.客运枢纽站

东直门枢纽的建设充分体现“以人为本，人车分流，换乘便捷、进出有序、便于管理”的设计理念；建筑功能布局满足枢纽内部各种交通方式的使用功能要求；各种交通方式之间换乘关系明确、流线清晰，出入口通行能力及服务水平满足使用要求；注重内部与外部交通衔接，减少相互干扰；以枢纽建设为契机，同步改造相关道路，使枢纽区域形成均衡、匹配，功能合理的路网系统。

（1） 工程规划。东直门交通枢纽规划总占地15.44公顷，其中建筑用地10.06公顷，代征城市公共用地为5.38公顷，分为南北两个区域。总建筑面积59.08万平方米，南区为交通枢纽及公共建设用地5.1公顷（其中交通枢纽建筑面积7.8万平方米）北区为商务区建设用地4.7公顷。根据《东直门综合交通枢纽规划设计条件》，枢纽规划客运总量75.6万人/日。

（2） 枢纽外部交通组织。枢纽的交通组织以“快出慢进”模式为主导思想，近期实施将二环路至新东路范围主线高架，保证周边区域交通的正常出行；在新东路路口东侧设置半菱形立交便捷出城交通；在新东路西侧预留了

4.3.6 东直门桥

4.3.7 复兴门桥（一）

4.3.8 复兴门桥（二）

由二环至京顺路出城及至地方网的匝道，京顺路与联络线在三环内不设置往二环方向的连接匝道减缓进京车辆对二环的交通压力；考虑沿线区域及京顺路交通与二环的连接，在高架桥下设置了二环辅路与区域次干路系统连接的辅路系统。

远期新建东西方向高架跨线桥解决东直门大街直行过境交通问题，并增设与二环路连接的苜蓿叶形匝道，在新建立交匝道外侧新建辅路系统，与现况环岛相接，形成立交的辅路系统，供东直门立交周边枢纽项目及其他建筑区域新形成的枢纽交通和区域交通使用。

（3） 枢纽内部交通组织。东直门交通枢纽地下区域由航空服务楼与首层交通集散大厅、南区沿街商业楼、双塔写字楼、交通枢纽公交场站、北区商业及公寓楼、酒店及酒店商业等几个功能区组成；地下一层为交通集散大厅将上述各功能部分联成一个整体；地下二层主要为停车区。

枢纽内部交通主要由公交车辆、社会车辆、出租车、自行车、行人等交通组成。枢纽用地布局在整个用地的南侧，根据周边道路的衔接条件，围绕枢纽场站布设了东、南、西三处公交出入口；远郊公交场站布设于交通枢纽的北部；近郊及市内公交场站布设于交通枢纽的中南部；枢纽周边设置专用自行车停放区，可解决枢纽周边自行车停放的混乱状况。人行系统突出“以人为本”，体现枢纽内部各种交通方式换乘的安全性、连续性、便捷性和舒适性。

结合中心城内的大型人流集散点设置换乘枢纽站。在这些大型人流集散点中，有些是历史形成的公交集散换乘中心，如前门、公主坟等，由于没有路外专用枢纽用地，客流转换只能在道路广场内实现。本次枢纽规划主要反映需要占用路外用地的交通枢纽站设施。

3.枢纽工程设计

（1） 动物园公交枢纽。

动物园公交枢纽位于西直门外大街南侧，东鼎大厦西侧，占地1.4公顷，建筑面积10万平方米，建设内容包括地下公交换乘大厅、疏导通道、人防、社会停车场和地上公交车辆的发站台、智能化运营指挥系统、抢修中心、管理用房、总投资约8亿元，可解决12～15条公交线路的到发功能。该项目于2001年12月开工建设，2004年7月建成投入使用。

动物园公交枢纽首次实现了对多条公交运营线路的实时

4.3.9 复兴门桥全景图

监控和智能调度，提升了公交调度管理水平，提高了运营管理效率，为进一步实现较大范围内的公交智能调度提供了数据支持。

（2） 西客站南广场公交枢纽。

西客站南广场公交枢纽位于北京西客站南广场东侧，大方饭店西侧，占地1.02公顷，建筑面积3060平方米，建设内容包括调度业务用房、乘客换乘站台、停车场及配套设施等，总投资约1亿元，可实现12条公交线路的到发功能。该项目于2006年12月开工建设，计划2008年建成投入使用。

南广场公交枢纽建成后可快速高效地集散西客站旅客客流，为进出站旅客提供更好的公交换乘服务设施，节约换乘时间。它可与北广场形成地区性运营调度管理体系，改善北广场的交通状况，大大提高莲花池东路的通行能力、改善乘客换乘环境，改变南广场零散杂乱的现状，创造优美的区域环境，为公交车辆安全运营提供可靠的保障，为2008年奥运会期间提供优良的公交运输服务创造条件。

（3） 东直门交通枢纽。

东直门交通枢纽地处北京市东直门立交桥东北角，是北京市城市客运系统的重要组成部分，是全市一级综合交通客运枢纽。作为2008年奥运会配套工程、北京市重点基础工程，是奥运会前需投入使用的交通枢纽之一。

东直门交通枢纽是一个以交通为主导，集交通枢纽、公寓、零售及酒店功能于一体的多功能综合项目。是市区与首都机场空港之间快速客运走廊的端点，也是市区与东北郊（望京、顺义、怀柔、密云、平谷）公路客运的起讫点，同时还担负着京津冀地区公路长途客运发送任务。

该枢纽也是集地铁2号线、13号线、机场快速轨道线及地面公交换乘为一体的综合大型枢纽，以保证各交通方式的衔接和协调。

东直门交通枢纽的实施，是完成《北京城市总体规划（2004—2020年）》提出综合交通体系交通发展目标与战略任务的需要；有利于提升北京市城市总体形象，建设现代国际城市，保证城市建设可持续发展；它能完善北京市现代化综合交通体系，优化城市空间结构调整和布局，促进区域交通协调发展。

4.四惠交通枢纽

四惠交通枢纽位于北京市东四环路与京通快速相交的四惠立交桥的东南侧，西起东四环四惠立交桥、东至化工东侧路、南邻通惠河、北接京通快速路，面积约为10.4公顷，其中枢纽用地位

4.3.10 国贸桥

4.3.11 国贸桥之夜

4.3.12 建国门桥

跳色设计的金属板屋面在丰富了建筑物的第五立面，强化了建筑的动线走向，给四惠立交桥及路北高层建筑物上俯视的人群带来了强烈的视觉感觉。现代材料和工艺与建筑功能形体的结合，成就了精练、沉稳、大气的现代交通形象。

4.3.20　外交部与朝阳门桥夜景

4.3.21　西便门桥

4.3.22　西直门白天景观

4.3.23　西直门夜景

4.3.24　北京CBD中心区夜景

4.3.25　中关村街景

编后记

奥运会的总体规划，在历届奥运会筹办中有着举足轻重的作用。北京奥运会，从第一次申办阶段开始，即对北京市围绕办好奥运会这一核心工作进行了认真细致的规划，这一规划既体现在两次申奥报告中，更体现在北京市筹办奥运会的全过程中。

本书的编撰结合北京两次申办奥运会的申办报告，并依据筹办过程当中结合实际情况对于规划的细节性调整，全面展示了北京奥运总体规划的蓝图和实施情况。由于奥运总体规划的内容涉及的单位众多，本书的编撰也经历了很大的困难。本卷主编单位在编撰过程当中，得到了众多参与奥运总体规划的设计单位，以及参与奥运会场馆、景观、市政等方面建设单位的大力协助，使得本卷的内容更趋丰富和翔实。在此，要特别感谢"2008 北京奥运建筑丛书"的总主编单位中国建筑学会与中国建筑工业出版社的辛苦玉成，没有总主编单位的不断鼓励，本卷的出版几乎不太可能。本书的出版单位中国建筑工业出版社为本卷的内容编撰提供了大量的建议和帮助，并对全书的文稿、图片进行了系统的整合和梳理。

北京市城市雕塑建设管理办公室、北京市市政设计研究总院、北京铁路局、北京市城市规划设计研究院、北京城建设计研究院、北京市园林局、北京市建筑设计研究院、北京市政建设集团、北京城建集团等相关单位为本书提供了大量的资料和图片，在此一并感谢。

北京市建筑设计研究院

北京清华城市规划设计研究院

图书在版编目（CIP）数据

梦寻千回——北京奥运总体规划／北京市建筑设计研究院，北京清华城市规划设计研究院本卷主编．—北京：中国建筑工业出版社，2009
（2008北京奥运建筑丛书）
ISBN 978-7-112-09876-7

Ⅰ．梦… Ⅱ．①北…②北… Ⅲ．夏季奥运会－城市规划－北京市 Ⅳ．G811.211 TU984.21

中国版本图书馆CIP数据核字（2009）第183303号

责任编辑： 马 彦 戚琳琳
责任设计： 郑秋菊
责任校对： 陈 波 兰曼利

2008北京奥运建筑丛书
梦寻千回——北京奥运总体规划
总 主 编 中国建筑学会
中国建筑工业出版社
本卷主编 北京市建筑设计研究院
北京清华城市规划设计研究院
*
中国建筑工业出版社出版、发行（北京西郊百万庄）
各地新华书店、建筑书店经销
北京圣彩虹制版印刷技术有限公司
恒美印务（广州）有限公司印刷
*
开本：965×1270毫米 1/16 印张：10¼ 字数：410千字
2009年12月第一版 2009年12月第一次印刷
定价：118.00元
ISBN 978-7-112-09876-7
(16580)

(邮政编码 100037)